Sten Nadolny, Jens Sparschuh

Putz- und Flickstunde

PIPER

Zu diesem Buch

»Am allerwenigsten Angst hatten wir, glaube ich, vor der Nato«, bekennt Jens Sparschuh im Gespräch mit Sten Nadolny. Zwei Schriftsteller als Soldaten. Unerhört. Und in den Armeen der Klassenfeinde dienten sie auf unterschiedlichen Seiten. Was damals als Landesverrat gegolten hätte, holen die beiden heute nach: Sie sprechen miteinander. Über die NVA und die Bundeswehr, über Feldwebel und Feldflaschen, Stumpfsinn und die Romantik der Geländetage. Gemeinsam wundern sie sich über die seltsame Faszination der Waffen, über die Ähnlichkeiten ihrer Erfahrungen, und sie reden über Idealismus und Gewissen, über Freiheit und Bespitzelung. Für beide war es eine Karambolage mit dem Leben, die sie bis heute auf besondere Weise prägt.

Sten Nadolny, geboren 1942 in Zehdenick an der Havel, diente von 1961 bis 1963 bei der noch jungen Bundeswehr, lebt in Berlin. Ingeborg-Bachmann-Preis 1980, Hans-Fallada-Preis 1985, Premio Vallombrosa 1986, Ernst-Hoferichter-Preis 1995. Nach seinem ersten Roman »Netzkarte« erschien 1983 der Roman »Die Entdeckung der Langsamkeit«, der in alle Weltsprachen übersetzt inzwischen zum modernen Klassiker der deutschsprachigen Literatur geworden ist. Danach veröffentlichte Sten Nadolny die Romane »Selim oder Die Gabe der Rede«, »Ein Gott der Frechheit«, »Er oder ich« und den »Ullsteinroman«.
Jens Sparschuh, geboren 1955, rückte 1983 für wenige Monate in die NVA ein. Neben einer Vielzahl von Hörspielen und Kinderbüchern erschienen von ihm unter anderem die Romane »Der große Coup«, »Der Schneemensch«, »Lavaters Maske«, »Schwarze Dame«, »Der Zimmerspringbrunnen« und »Eins zu eins«.

Sten Nadolny
Jens Sparschuh

Putz- und Flickstunde

Zwei Kalte Krieger erinnern sich

Piper München Zürich

Mehr über unsere Autoren und Bücher:
www.piper.de

Von Sten Nadolny liegen bei Piper vor:
Die Entdeckung der Langsamkeit
Selim oder Die Gabe der Rede
Netzkarte
Ein Gott der Frechheit
Er oder Ich
Putz- und Flickstunde (mit Jens Sparschuh)

Mix
Produktgruppe aus vorbildlich bewirtschafteten Wäldern und anderen kontrollierten Herkünften
www.fsc.org Zert.-Nr. GFA-COC-001223
© 1996 Forest Stewardship Council
FSC

Ungekürzte Taschenbuchausgabe
September 2010

Umschlaggestaltung: semper smile, München
Umschlagmotiv: Susanne Schleyer
Satz: Satz für Satz. Barbara Reischmann, Leutkirch
Papier: Munken Print von Arctic Paper Munkedals AB, Schweden
Druck und Bindung: CPI – Clausen & Bosse, Leck
Printed in Germany ISBN 978-3-492-25908-8

Putz- und Flickstunde

Vorsicht, Veteranen!
Zur Vorgeschichte dieses Buchs

Vor ein paar Jahren, nach einer Klettertour, saßen wir beide, etwas kreuzlahm, irgendwo auf einem sonnigen Sandsteinplateau in der Sächsischen Schweiz, und uns war etwas bange vor dem Abstieg. Es war der Moment für einen verklärenden Rückblick: *Früher, da hätte ich diesen kleinen Abstieg spielend geschafft ...*

Der Versuch einer strategischen Lageeinschätzung führte uns rasch zurück in unsere militärischen Ost- und Westvergangenheiten: *Gedient? Wenn ja, wo? Wie lange? Welche Einheit?* Das half uns zwar für den Moment nicht weiter, doch es lenkte ab. Wir, die wir da oben friedlich vereint festsaßen, hatten tatsächlich einmal in gegnerischen Armeen gedient. Im Ernstfall hätte vielleicht sogar einer den anderen totschießen können; eine Vorstellung, die seltsamerweise nicht ohne Faszination war. Uns fiel dazu vieles ein, sogar ein Gedicht von Heine. Versonnen blickten wir ins schöne, ferne Elbtal hinunter.

Längst verschüttete Erinnerungen tauchten auf: an Feldflasche und Feldwebel, an Kameradschaft, Konserven und Kasernenmief. Erstaunt stellten wir fest, dass es systemübergreifend in beiden deutschen Armeen einen verbindenden Begriff gab, an den wir mit so etwas wie Rührung zurückdachten: die »Putz- und Flickstunde«. Gab es vielleicht auch noch andere Gemeinsamkeiten zwischen Bundeswehr und NVA? Oder überwogen doch die Unterschiede zwischen den verfeindeten Armeen von Nato und

Warschauer Vertrag? Das waren die Gedanken, die uns beim langsamen, schließlich gemeinsam bewältigten Abstieg durch den Kopf gingen.

Seit Paul Watzlawick weiß man, die Formel »Früher war alles besser« ist der sicherste Wegweiser zum Unglücklichsein. Und in der Tat waren wir über all den Schnurren und kleinen Heldentaten des Soldatenlebens, die uns zunächst – ein Wort gab das andere – eingefallen waren, immer melancholischer geworden. Da wir hauptberuflich keine erinnerungsseligen Veteranen oder gar Verdränger sind, wollten wir darüber Genaueres wissen. Wir trafen uns in Berlin zu mehreren Sitzungen. Nichts sollte zwischen uns stehen, nur ein Mikrofon. Vorsichtig begaben wir uns in das unwegsame Gelände der Vergangenheit. Unser Proviant: Lavazza-Espresso und Lausitzer Wasser. Laut (manchmal auch kleinlaut) dachten wir über unsere Armee-Erfahrungen in den beiden deutschen Staaten nach. Dabei folgten wir streng den labyrinthischen Wegen, die uns die Erinnerung wies. Wir hatten uns vorgenommen, die Unterschiede und Gemeinsamkeiten in unseren Armee-Erlebnissen zu ergründen und ein wenig Rasterfahndung zu probieren: Vergleich der Leiden, der Tricks, der Chancen, der Tagesabläufe, auch ein wenig Gewinn- und Verlustbilanz. Wie hatte das Militärerlebnis uns geschädigt, gefährdet, amüsiert, immunisiert, realistischer gemacht – oder sogar bereichert? Immerhin, das Militär war ja auch nicht spurlos an den Helden unserer Bücher vorbeigegangen, etwa an Alexander in »Selim oder Die Gabe der Rede« oder an Eckermann in »Der große Coup«.

Um auch weiter unserer eigentlichen Passion zu folgen – nämlich Geschichten aufzuschreiben, in denen sich unsere

Erlebnisse niederschlagen –, schrieb jeder von uns noch eine literarische Fiktion dazu. Was diese Texte den persönlichen Erfahrungen verdanken, werden die Leser nach Lektüre unseres Gesprächs schnell merken.

Auf dem Brocken (Harz) im August 2008

Sten Nadolny Jens Sparschuh

Inhalt

III

Zwischenlektüre

IV

V

Beim Revierreinigen aufgetaucht

I

Die wichtigsten Fragen vorab

Sparschuh Sten, eigentlich ja eine verbotene Veranstaltung, was wir hier vorhaben …

Nadolny Was ist denn daran verboten?

Sparschuh Bei uns gab es für Kontaktaufnahme mit dem Feind fünf Jahre mindestens, wenn nicht noch mehr. Wie war das denn bei euch?

Nadolny Es gab irgendwelche Vorschriften, man müsse sofort dem Militärischen Abschirmdienst melden, wenn man bestimmte Fahrzeuge mit sowjetischen Kennzeichen gesichtet hätte. Denn so stellte man sich den Ernstfall vor: Sichtung fremder Kennzeichen. Und in Ostblockstaaten reisen durften wir nicht, klar. Aber ich kann mich an die Vorschriften nicht erinnern, die mir eine Kontaktaufnahme verboten hätten. Hätte ich gefragt, wären sie mir wahrscheinlich verboten worden, die Kontakte.

Sparschuh Uns sind die ungefragt verboten worden. Es gab eine klare Regelung: In der Zeit, wo man seinen Ehrendienst ableistet, keinerlei Kontakt. Und um Gottes willen auch keine Briefe schreiben. Wir beide hatten ja mal vor, dieses Gespräch in Form von Briefen zu machen. Unvorstellbar aus damaliger Sicht. Zwischen Nato und Warschauer Vertragsstaaten – Briefe hin und her? Absolut unmöglich.

Nadolny Nun sollten wir bedenken, dass es keine Vorschrift gegeben haben kann, und zwar weder bei euch noch bei uns, wonach wir auch viele Jahre nach der Wiedervereinigung keinen Kontakt mit dem »Feind« aufnehmen dürften. Insofern sind wir, glaube ich, sorgenfrei.

Sparschuh Dieser Fall ist überhaupt nicht vorgesehen. Deswegen schweigen sich die Dienstvorschriften auch so vornehm dazu aus. Wir bewegen uns hier auf rechtlich völlig unklarem Terrain. Und wir können nicht mal den Feldwebel befragen. Brenzlige Situation!

Nadolny Und auch nicht den bestens informierten Offizier aus deiner unheimlichen Puzzle-Geschichte.

Sparschuh Eine Variation zum Thema »Freiwilligkeit in den Staaten des Warschauer ...« – wie habt ihr uns genannt: »Warschauer Pakt«?

Nadolny Warschauer Pakt.

Sparschuh Wir hatten da für uns eine etwas vornehmere Bezeichnung: »Warschauer Vertrag«. Vertrag klingt ein bisschen mehr wie »unter Vertragspartnern«. Pakt klingt so nach »Pakt mit dem Teufel«.

Nadolny Klingt wie, Pakt schlägt sich, Pakt verträgt sich. – Aber mich interessieren deine Erfahrungen etwas mehr als meine eigenen. Ich kann mich an vieles gar nicht gut erinnern, vielleicht sind irgendwelche Verdrängungskünste am Werk. Oder das Alter. Immerhin bin ich ja auch schon im Herbst 1961 zu meiner Truppe gestoßen, und du, glaube ich, erst –?

Sparschuh 1983.

Spuren bis heute

Nadolny Ich habe zum Beispiel damit zu tun, dass meine Militärzeit, obwohl sie ganz unspektakulär verlaufen ist, bei mir lebenslang zum Bezugssystem gehört hat. Ich weiß selber nicht, warum, aber ich finde mich im Traum oder im Wachtraum sehr oft in der Rekrutenrolle wieder. Oder in der des ratlosen Vorgesetzten. Das ist merkwürdig: zwei Jahre Militär gegen sechs Jahrzehnte Leben und Lernen, und die »militärische Vergangenheit« wagt es trotzdem, eine wichtige Rolle zu spielen.

Sparschuh Genau das interessiert mich ja so brennend an unserem Gespräch. Ein Vierteljahr – das rauscht doch normalerweise wie nix an einem vorbei, ohne dass man es überhaupt merkt oder Notiz davon nimmt. Offenbar muss es für mich aber eine Grenzerfahrung gewesen sein. Zum Beispiel ist es bis heute so, dass ich arglose Zivilisten in meinem inneren Koordinatensystem danach einschätze, ob ich mit denen gern eine Kasernenstube geteilt hätte. Ist doch eine merkwürdige Spur bis ins Heute.

Nadolny Woran denkst du zuerst, wenn du nach deiner Militärzeit gefragt wirst?

Sparschuh Schwierig. Wenn ich mich über irgendeinen Zeitraum vergewissern will, habe ich normalerweise Mitschriften, Briefe oder Notizen. Da ich aber wusste, da wir alle wussten, dass der Briefverkehr überwacht wird – das Postgeheimnis ist ein Postgeheimnis –, sind gar nicht so viele Briefe hin- und hergegangen zwischen Kaserne und draußen. Allerdings schreibe ich immer in solche kleinen Hefte, meine Notizbücher, die stecken bei mir in der Brusttasche. Und auch damals steckten die da drin. Notizen stand da auf dem Einband – gab's in der DDR für 0,58 Mark. Ich habe damals einen Trennstrich zwischen »Not« und »izen« eingefügt. Im Berlinischen ist der Einfall die Itze. Not-izen sind also Noteinfälle, kurze, im Telegrammstil festgehaltene Lebenszeichen. An mehr Sammlung war nicht zu denken. Nur eben diese kleinen Kassiber, auf dem Bett liegend geschrieben. Die habe ich aufgehoben.

Nadolny Lass hören.

Sparschuh Seite 1: »In der Kaserne: Ich habe hier nichts verloren. Also habe ich hier auch nichts zu suchen.« – Das kam mir übrigens schlüssig vor.

Nadolny Es ist absolut schlüssig.

Sparschuh Oder, ein paar Seiten später: »Deinen Schweißfüßen läufst du nicht davon!«

Nadolny Wer könnte das leugnen?

Sparschuh Manchmal waren es auch einfach nur Mitschriften, ein O-Ton vom Appellplatz: »Ruhe im Glied!!! – Das ist ein Befehl!«

Ich hatte schon allein dadurch, dass ich ein Studierter war und eine Brille trug, ein unwahrscheinliches Handicap. Hätte ich dann noch angefangen, großartig Briefe zu schreiben, da wäre dann das Maß voll gewesen.

Ich hatte schon so genug am Halse bei der Armee. Da wurde mir zu allem üblichen Gerümpel, was der Soldat im Normalfall mit sich herumzuschleppen hat, auch noch die gesamte ABC-Ausrüstung um den Hals gehängt. Weil ich ja studiert hatte. Das ganze ABC also: Atomwaffen, bakteriologische Waffen, chemische. Ich war als Brillenschlange gewissermaßen zum Aufklärer gegen alle Waffenarten berufen. Während also die Genossen irgendwo im Forst grunzend schliefen, musste ich mit einem Geigerzähler die vom Feldwebel sorgsam versteckten radioaktiven Pilze ausfindig machen, musste alle bakteriologischen und chemischen Angriffe, die ihr wahrscheinlich pausenlos auf uns vorhattet, aufdecken.

Nadolny Lag das daran, dass du studiert hattest, oder warst du sowieso ein verdächtiges Element?

Sparschuh So verdächtig bin ich ja nun auch wieder nicht, oder?

Nadolny Mir vielleicht nicht …

Vormilitärisches

Sparschuh Du hattest gefragt, woran ich mich zuerst erinnere. Ganz seltsam, die Erinnerung rutscht mir permanent weg. Wenn ich einen Punkt ausfindig mache, kommt immer noch ein Punkt davor. Und davor wieder einer. Wahrscheinlich liegt es daran, dass es vor dem Militär bei uns noch allen möglichen vormilitärischen Zirkus gegeben hat. Insofern hätte ich ja eigentlich bestens auf die Armeezeit vorbereitet gewesen sein sollen.

Vor der vormilitärischen Ausbildung in der Schuloberstufe gab es das legendäre Manöver »Schneeflocke«. Das war in der Unterstufe, das, was bei euch Grundschule ist. Da konnte man einen mit Maschinengewehr dekorierten silbernen Schneemann gewinnen, indem man irgendeine feindliche Festung nahm. Das war Armee im Bonsaiformat. Als ich dann zur ABF nach Halle gekommen bin, also zur »Arbeiter- und Bauernfakultät Walter Ulbricht«, um es mal für Nachgeborene und anderweitig Unkundige ganz korrekt zu sagen, gab es, bevor wir richtig Guten Tag sagen konnten, ein vormilitärisches Ausbildungslager. Im Harz war das. Dort sind wir auch gleich in Uniformen gesteckt worden. Aber ich tue hier so, als wäre ich ein vollgültiger Kalter Krieger gewesen – von wegen! Dadurch, dass ich fünf Jahre in der Sowjetunion war, habe ich ja nie den regulären Dienst abgeleistet. Ich war eigentlich nur Reservist.

Was mich an unserem Gespräch eben so lockt, ist zu erfahren, wie es bei dir war, vielleicht war es ja ganz anders, und wie und warum mich dieses mickrige Vierteljahr und, vor allem, die Androhung vom Werbezirkus Mando, sie könnten mich immer und immer wieder ziehen, traumatisiert hat. Manchmal genügt ja schon ein Blick in den Abgrund.

Nadolny Was für ein Werbezirkus?

Sparschuh So hieß bei uns volksmündlich das Wehrbezirkskommando: »Werbezirkus Mando«. Die Kollegen dort waren Helden, für die es anderweitig keine Verwendung mehr gab. Und die versuchten nun, das war ihr Kampfauftrag, in der Schule »Dreijährige« zu rekrutieren, das heißt solche Kandidaten, die erzwungenermaßen freiwillig drei Jahre zur Armee gingen. Auslandsstudenten mussten das nicht. Ein Grund mehr für mich, die Sowjetunion zu rühmen. Als ich dann zurück war von dort, war ich bald raus aus dem Alter, in dem man normalerweise zum Grundwehrdienst gezogen werden konnte. So waren es bei mir nicht mal die regulären anderthalb Jahre. Ziemlich magere militärische Bilanz. Aber wie war das bei dir Sten, erzähl mal.

Nadolny Bei mir war fast alles anders. Erstens war es zu einer anderen Zeit. Ich bin 1961 zwar eingezogen worden, aber nicht ganz ohne mein Zutun. Ich hätte nämlich eigentlich gar nicht hingemusst. Ich hatte Tauglichkeitsstufe 3 wegen Kreislaufstörungen. Habe mich dann aber »vorzeitig gemeldet«. Ich fand, die Demokratie müsse verteidigt werden. Außerdem glaubte ich, dass man beim Militär noch schneller ein richtiger Mann würde. Das sind Legenden, die halten sich über Jahrhunderte. So bin ich als Rekrut bei den Fernmeldern in Starnberg eingerückt und hatte dann einen Wehrdienst von eineinhalb Jahren vor mir. Habe den aber während der Wehrdienstzeit auf zwei Jahre verlängert. Nicht aus purem Idealismus, sondern auch aus finanziellen Interessen. Als Freiwilliger kriegte man erheblich mehr Geld pro Monat, zweitens am Schluss eine Abfindung. Eine besonders hohe, wenn man den Reserveoffizier geschafft hatte. Das waren dann so 5000 Mark, sehr viel Geld, das konnte ich für mein Studium gut gebrauchen. Daher habe ich gesagt, da mache ich doch das halbe Jahr länger.

Sparschuh Auf so einen sonderbaren Einfall wäre bei uns niemand gekommen. Das kann man in dem Buch von Joerg Waehner nachlesen: »Einstrich, Keinstrich«, wie die Soldaten wirklich jede Sekunde zählten, bis sie endlich wegkamen von der »Asche«, wie die Volksarmee liebevoll genannt wurde. Leibniz hat recht, wenn er in der Monadenlehre sagt: Das Ganze spiegelt sich irgendwie im Einzelnen wider. So wie das Ganze beschaffen ist, so sieht auch das Einzelne aus. Und wenn die DDR in gewissem Sinne ein Gefängnis war, dann war die NVA ein spezieller Hochsicherheitstrakt.

Ich versuche es chronologisch. An der Universität mussten die, die in der Partei waren, zur Kampfgruppe gehen. Da gab es so ein ungeschriebenes Gesetz. Ich war nicht in der Partei, also oblag es mir, zur Zivilverteidigung zu gehen. Das bedeutete, dass ich alle Jahre im Mai mit ungefähr fünfhundert Studentinnen der Humboldt-Universität in den Märkischen Wäldern verschwinden und dort, im Dickicht, Aufklärungsarbeit betreiben musste.

Nadolny Märkische Wälder. Hört sich romantisch an und gemütlich. Nach Rehen, Pilzen …

Sparschuh Betraf eher Atomschlag und Atompilz.

Nadolny Zwei Fragen hätte ich dazu. Was um alles in der Welt hatte denn eure Universität mit der Zivilverteidigung zu tun?

Sparschuh Das habe ich mich auch die ganze Zeit gefragt. – Und die zweite Frage?

Nadolny Wie dich das für bevorstehende Militärabenteuer gerüstet hat?

Sparschuh Dazu muss ich ein bisschen ausholen. Ich war als Stellvertretender Kommandeur Rückwärtige Dienste dafür zuständig, für vierhundert, fünfhundert Studentinnen das Futter ranzuschaffen.

Nadolny Studentinnen. Das bedeutete, ohne dich jetzt zu Bekenntnissen veranlassen zu wollen …

Sparschuh Überhaupt nichts. Es bedeutete nur Folgendes: Meine Ausrüstung bestand aus einem klapprigen Dienstfahrrad, wo immer die Luft rausging, und aus einem Empfehlungsschreiben der Zivilverteidigung. Das war's. Wir befanden uns in der märkischen Prärie, also mitten im Feindesland, in der realsozialistischen Provinz. Das war schon so eine Art Ernstfall. Außerdem kann ich ja bis heute nicht gefahrlos ohne Einkaufszettel losgehen, ohne was zu vergessen. Und das war für fünfhundert Leutchen, für die ich Lebensmittel zu organisieren hatte.

Da gab es zum Beispiel eine Theologiestudentin, die neigte dem Vegetariertum oder sogar dem Veganertum zu, einer sehr geheimnisvollen, sehr nahrungsreduzierten Glaubensrichtung jedenfalls. Es war natürlich für mich eine irrsinnige Herausforderung, dort, im Landkreis Templin, wo es überhaupt kein frisches Gemüse gab, diesem sehr speziellen Anliegen zu folgen. Über diese Einheiten der Zivilverteidigung wachte auch immer ein Politoffizier. Meiner war ein Marxismus-Dozent von der Uni und ein Kerl wie ein Schrank. Der war absolut dagegen, dass der Stellvertreter Rückwärtige Dienste – ich also – mit dem Rad solche Extratouren fährt und sich mit derartig abartigen, die Zivilverteidigungskraft zersetzenden Dingen wie vegetarischer Ernährung für eine Theologiestudentin beschäftigt: »Wir brauchen Fleisch, wir brauchen Butter, aber nicht so was!« Der hielt, wenn ich losfahren wollte, regelmäßig meinen Fahrradlenker fest und brüllte: »Das ist nicht wahr, dass du dich jetzt, in dieser angespannten weltpolitischen Lage, wieder auf die Suche nach Mohrrüben machst.« Aber ich war zuständig für alle, eben auch für diese Theologiestudentin. Spannende Abenteuer im sozialistischen Großhandel habe ich da erlebt. Ich weiß nicht, ob du jemals in den Achtzigern im Osten unterwegs warst?

Nadolny Nein, erst ab 1990, aber dann ausgiebig.

Sparschuh Im Allgemeinen ging man davon aus, dass die Leute einen kleinen Garten hatten und das Problem Vitamine auf diese Weise regelten. Aber von wegen frisches Obst und Gemüse im Laden – nicht die Bohne. Dort waren im Schaufenster höchstens von gelangweilten Verkäuferinnen liebevoll zu Pyramiden aufgebaute Konservendosen zu besichtigen. So habe ich auf meinen Expeditionen natürlich viele schöne Landstriche im Landkreis Templin kennengelernt. Da kam es also immer mal zum fundamentalistischen Konflikt: sozialistische Ideologie, sprich Schmalzbrot, versus Religion, also Opium fürs Volk, verabreicht in der Form roter Mohrrüben …

Tauglichkeit

Nadolny Opium fürs Volk, das hört man jetzt nur noch selten. Starker Schlachtruf, aber ein bisschen gealtert. Das wäre übrigens auch ein Thema: die feldgeistliche Versorgung. Aber kommen wir noch einmal zum Beginn unserer »Militärkarriere« zurück. Da war ja zunächst die Musterung, um die Tauglichkeit festzustellen. Ich kenne einige, die das als erste Demütigung empfunden haben. Eine Schlange von jungen Männern im Kreiswehrersatzamt, ein prüfender Blick des Arztes auf mögliche Hämorrhoiden – also ich habe das als sachlich notwendig genommen, wie einen Besuch beim Onkel Doktor daheim, nur dass auf Zügigkeit geachtet wurde, der Ton war dadurch etwas barsch. Wie war es bei dir, du musst ja auch so etwas erlebt haben?

Sparschuh Das war 1972 in Halle an der Saale. In der militärischen Kurzfassung würde ich sagen: Sie musterten mich einmal von Kopf bis Fuß – und, zack, schon war ich gemustert. An einen speziell barschen Ton erinnere ich mich nicht. Aber wahrscheinlich nur deshalb nicht, weil diese Phase meiner Vergangenheit sowieso als Stummfilm abläuft. Und weil damals eine unmittelbare militärische

Bedrohung – sprich: die Ableistung des Grundwehrdienstes – für mich nicht bestand, ging das relativ kurz und schmerzlos an mir vorbei. Tauglich – na prima, warum denn auch nicht. Denn dann ging ich erst mal für fünf Jahre ins Ausland. Danach kam das Intermezzo an der Humboldt-Universität.

Als meine Universitätszeit definitiv zu Ende war, erfolgte der Angriff: Die NVA erinnerte sich an diesen versprengten Nichtgedienten, der da noch irgendwo herumschwirrte, und ich bekam meinen Einberufungsbescheid zum Reservistendienst. Ich dachte noch, das kann ja so schlimm nicht sein. Pontons bauen, irgendwo an der Elbe, an der frischen Luft, harte Männer – wie man sich das eben so vorstellt. Ich war dann entsetzt über den Mief, über diesen Dreck, über diesen ganzen Abgrund an Niedertracht und Irrsinn. Ich war ja vorher in durchaus geschützten Verhältnissen. Erweiterte Oberschule, Universität, das lief ja alles ganz zivil ab. Die NVA war dann eine derartige Konfrontation, fast Karambolage, mit dem Leben. Thomas Mann nennt das, glaube ich, »Ausflüge ins Menschenreich«. Da genügt schon mal ein Blick – und man wendet sich mit Entsetzen ab.

Nadolny Ich bin ein bisschen im Verzug – du hast jetzt bereits von Leibniz und Thomas Mann gesprochen –, der Vorsprung ist schwer wieder aufzuholen. Um zur Monadenlehre zurückzukommen: Natürlich, der Einzelne ist so eine Art Spiegel für alles, was sich rundherum tut und was an unguten oder an hoffnungsvollen Sachen festzustellen ist. Bei uns war da sicherlich auch in der Armee einiges angenehmer. Man fühlte sich nicht unbedingt frei, aber man kam zum Beispiel nicht auf die Idee, bespitzelt zu werden.

Von wem? Wofür? Es gab nur die Konfrontation mit einem Dienst, der seine Macken hatte. Der langweilig war, manchmal hart. Es gab schikanöse Ausbilder, es gab alles Frustrierende, was Militärisches eben ausmacht. Viel Stumpfsinn und Blödsinn, aber eigentlich nie das Gefühl, in einem Gefängnis zu sitzen. Bei mir schon gar nicht. Durfte ja gar nicht so sein, denn ich hatte mich ja quasi freiwillig gemeldet.

Systemübergreifendes

Sparschuh Ich muss über das »quasi freiwillig« nachdenken. Kennst du den Aphorismus von Stanisław Jerzy Lec: »Das Leben zwingt den Menschen zu allerlei freiwilligen Handlungen«?

Nadolny Jetzt kenne ich ihn. Sehr schön, den merke ich mir.

Aber ich möchte auf einen anderen Gesichtspunkt kommen, der mir wichtig ist. Obwohl oder gerade weil er in unserem Gespräch wahrscheinlich keine große Chance hat. Klar, NVA und Bundeswehr waren unterschiedlich, schon der Systeme wegen. Dennoch gibt es gewisse anthropologische Konstanten, Dinge, die beim Militär immer gleich sind. Nicht nur, dass man uniformiert herumläuft, die Enge des Zusammenlebens, das In-Reih-und-Glied-Stehen, die körperliche Anstrengung, die Formalausbildung und so weiter, auch durchaus das pure Jungsein, Ahnungslossein, die Unfähigkeit, sich den Ernstfall vorzustellen, obwohl man ständig wichtig über ihn redet. All das dürfte ähnlich gewesen sein. Die Ängste dürften sich bei euch nicht nur auf den Staat und seine Drohungen gerichtet haben, sondern auch genauso wie in einer westlichen Armee, der Bundeswehr, auf das, was man falsch machen könnte, auf das, bei dem man vielleicht versagen könnte, auf jemanden, mit dem man es sich verderben könnte. Einen Ausbilder, einen Stubenkameraden, Ärger in jeder Hinsicht, natürlich auch die Strafen, wenn man etwa aus Verschlafenheit ohne Krawatte zum Dienst erscheint. Dann gibt es Saures in jeder Armee der Welt. Man sollte auch über diese jungen Leute reden, die so verschieden nicht sind, wenn sie in so einer Mühle stecken.

Sparschuh Das Systemübergreifende der Armee soll natürlich zur Sprache kommen. Da gibt es vergleichbare Strukturen, Verhaltensnotwendigkeiten. Ich hab dir von dieser Zivilverteidigungsgeschichte erzählt, in der ich steckte. Da wurde Retten und Bergen aus Höhen geübt, solche Geschichten. Wenn ich manchmal Bilder von Fußballstadien sehe, wo sich Leute in chaotischer Weise zu Tode trampeln oder bei einem Feuer herumirren, ist mir klar, dass es in bestimmten Situationen eine Ordnung geben muss, sonst kommt jeder Retter zu spät. Da muss auch jemand die Befehlsgewalt haben. Der Kapitän, der auf den Eisberg zusteuert, der kann sich nicht groß auf Diskussionen einlassen. Der muss entscheiden. Und im Zweifelsfall lieber richtig. Ich würde dieses militärische Prinzip also in bestimmten Feldern absolut bejahen.

Du hast von Ängsten gesprochen. Hier sehe ich schon den ersten Unterschied. Tut mir leid, Sten, wenn ich das jetzt so sagen muss, aber ehrlich gesagt – am allerwenigsten hatten wir, glaube ich, Angst vor der Nato.

Nadolny Oh.

Sparschuh Die Nato wurde uns in den Ausbildungsfilmen immer so seltsam präsentiert. Während Bilder aus unseren Gefilden im Wesentlichen spielende Kinder zeigten oder furchterregend fleißige Werktätige, und das alles in Farbe, hatten unsere Kollegen von der Nato immer so verschwommene Gesichter. Die hatten ein Nato-Einheitsgesicht. Das wurde in diesen Schwarz-Weiß-Filmen immer so verflimmert dargestellt. Und so rannten die Nato-Söldner dann, etwas kopflos, auf uns zu, eher wie ein Phantom.

Nadolny Moment, ich habe doch, wenn ich Angst habe, vor Phantomen mehr Angst als vor individuellen Gesichtern. Oder?

Sparschuh Eine Phantomangst ist nicht so schlimm wie eine wirkliche, weil man ja weiß: Es ist nur ein Phantom und keine echte Bedrohung.

Nadolny Wenn man's weiß, schon. Die Gefahr, die vom Gegner drohte, war bei uns in allen Darstellungen so, als ob das gesichtslose, zum Töten abgerichtete Roboter wären. Das sollte wohl Furcht einjagen, machte es aber gleichzeitig auch leichter zu sagen, das ist eben »nur« der Feind, und auf den wird geschossen, was nur rausgeht. Es wäre ja fatal, wenn man den mit einem menschlichen Gesicht ausstatten würde. Weil das da drüben im Zweifelsfall – nein, im Ernstfall natürlich – Deutsche gewesen wären, fürchtete man wohl die Parole »Deutsche schießen nicht auf Deutsche«. Also stellte man sich indoktrinierte Menschen vor, die wie aufgezogene Laufpuppen gegen uns losmarschierten. Keine Menschen, sondern nur der erbarmungslose Osten und der Kommunismus. Insofern waren es Phantome, mit denen auch Angst gemacht werden sollte. Gelang aber nicht.

Sparschuh So war das: Hier stand der Russe, hier standen wir, da kam der Thommy, alter Weltkriegsjargon. Das Zusammenschnurren aller Individualitäten auf einen Typus, auf *den* Gegner.

Du kennst doch sicher diesen jüdischen Witz, der genau das unterläuft. Es geht ins Gefecht. Und der Leutnant ruft: »So, Männer, jetzt geht's Mann gegen Mann.« Da meldet sich Schmuhl und sagt zum Leutnant: »Vielleicht, dass Sie mir mal zeigen könnten, wer da drüben genau mein Mann ist. Dass ich mich mit ihm eventuell irgendwie … mh … arrangieren kann.«

Vielleicht hat diese ganze Propaganda auch deswegen bei uns nicht geklappt, weil sie nicht besonders ausgeklügelt war. Man wusste doch, dass die Leute, die da als Phantomgestalten auf einen zurannten, im wirklichen Leben der Cousin aus Hannover oder der Onkel aus Sonstwo waren. Eher harmlose Gestalten.

Ich habe die Erfahrung gemacht: Wenn Leute Uniform tragen, dann kannst du sie ja nicht nach der Kleidung unterscheiden, die Aufmerksamkeit richtet sich auf das Gesicht. Aber wenn ich dann morgens aufgewacht bin und das liebe Gesicht meines Feldwebels gesehen habe, hatte ich vor dem entschieden mehr Angst als vor irgendeinem Pappkameraden aus dem Westen, der aus propagandistischen Gründen auf uns losgelassen wurde.

Nadolny Angst vor Unteroffizieren hatte ich auch. Damit sind wir bei einem Hauptthema, das uns noch beschäftigen wird. Da waren Angelegenheiten wie Spind- und Bettenbau, vor allem die Überprüfung beim Stubendurchgang oder wenn man vergessen hatte zu grüßen. Da war man ständig in Sorge, etwas falsch zu machen und dafür bestraft zu werden. Aber Angst vor dem Gegner, die war mehr theoretisch, ja irreal. Wir fühlten uns ja geschützt durch die Abschreckung. Die Blöcke standen gegeneinander, Krieg durfte eigentlich nicht passieren, denn er bedeutete das Ende der Menschheit. Wir waren nur eingerückt, um der Abschreckung zu dienen. Kampf fand vermutlich nicht statt, und wenn, dann war schon alles verloren.

Sparschuh Bei uns hieß das: Falls es nicht gelingt, den Gegner vernichtend auf seinem Territorium zu schlagen, was ja – stand aber nicht im Kleingedruckten – einen Angriffskrieg vorausgesetzt hätte, besteht der Kampfauftrag der Nationalen Volksarmee darin, die gegnerischen Kräfte zumindest so lange aufzuhalten, bis die Sowjetarmee es geschafft hat, in die Latschen zu kommen und ihre Waffen flottzumachen. Einmal war sogar die Rede davon, dass wir als NVA bereits nach acht Minuten völlig vernichtet sein würden. War sicher Unsinn; ich schätze, da sollten wir nur mal wieder zu noch mehr Eile angetrieben werden. Nach diesem Vorspiel wäre dann zwar die Nationale Volksarmee völlig am Boden zerstört gewesen, aber sie hätte ihren Kampfauftrag vorbildlich erfüllt und die anderen Warschauer Vertragsstaaten stünden bereit, um zum großen Gegenschlag auszuholen.

Nadolny Das wurde euch doch aber nicht offiziell im Kompanieunterricht so beigebracht?

Sparschuh Wenn man sich detailliert mit seinem Leutnant unterhalten hat, dann hat der dir das schon, etwas schicksalsergeben, so gesagt. Vielleicht auch ein bisschen stolz, wegen der großen Verantwortung, die auf uns lag, wir standen schließlich an der vordersten Frontlinie zwischen Ost und West: »Tja, das ist eben die Aufgabe, Genosse.«

Nadolny Ich wüsste gern noch etwas anderes: Ich habe niemals daran denken müssen, dass ich irgendetwas besser nicht sage, weil es mir schaden könnte. Aber mich würde interessieren, wie sehr es das in der NVA gab, dieses Gefühl: Vorsicht, mal lieber nicht so offen sprechen über dies oder jenes, weil es falsch verstanden werden könnte, oder noch schlimmer, weil es richtig verstanden werden könnte.

Sparschuh Wir haben erstaunlicherweise sehr offen gesprochen, über alles Mögliche. Aber es wurde zum Beispiel – deswegen fehlen Briefe aus dieser Zeit – nicht offen über Sachen geschrieben. Das hätte dann schwarz auf weiß gestanden, man hätte es nachlesen können, man hätte damit konfrontiert werden können. Was man im Gespräch sagt, das lässt sich im Nachhinein gar nicht mehr so genau rekonstruieren, man kann es abstreiten. Es wurde auch darüber geredet, wie die Pontoneinheiten bei den Bundis, so hießt ihr nämlich, beschaffen waren. Und auch darüber, ob vielleicht unsere NVA nicht unbedingt der Weisheit letzter Schluss sei.

Bei manchen Offizieren gab es sogar einen latenten Antisowjetismus, der mit unserer sowjetischen Maschinerie zusammenhing. Diese Krass- und Uralfahrzeuge waren Dieselschlucker ohne Ende und mussten auch dauernd repariert werden. Aber sie gehörten nun mal zu unserer Grundausstattung.

Nadolny Wenn ein NVA-Soldat sich skeptisch äußert über die Kampfstärke oder die Qualität der Geräte und der Waffen, dann ist das noch eine relativ ungefährliche Ebene. Er denkt sozusagen mit, hilft Missstände zu beheben. Aber wenn du dich über den sozialistischen Staat geäußert hättest und über den Kommunismus als solchen und dass du an seine Segnungen nicht so recht glaubst – hätte das möglicherweise zu irgendwelchen Denunziationen geführt?

Sparschuh Wäre mir schon aus Gründen der Selbstverteidigung so nicht über die Lippen gekommen; aber in dem Fall: Ja, klar, das hätte Probleme gegeben. Meistens lief das natürlich verdeckt ab. Im Zweifelsfall gab es dann bei der NVA einen Nulloffizier, also einen Sicherheitsoffizier, der in jeder Einheit geparkt war. Und auch Leute, die ihm zugetragen haben. Trotzdem herrschte in dem ganzen Verein schon eine erstaunliche Respektlosigkeit, auch wenn die sich vordergründig an der Technik abarbeitete. Also man konnte durchaus sagen: Was ist denn das für eine Scheißtechnik, die funktioniert ja schon wieder nicht. Niemand nahm da ein Blatt vor den Mund. Man konnte ja immer noch behaupten, dass man sich nur deshalb so aufgeregt hatte, weil mit dem defekten Ponton der Kampfauftrag nie und nimmer zu erfüllen war.

Kameraden, Genossen

Sparschuh Wie habt ihr euch eigentlich bei der Truppe angeredet? War das der Kamerad in der Stube, und der Feldwebel war der Herr Vorgesetzte?

Nadolny Das war der Herr Feldwebel oder der Herr Unteroffizier, und der nannte uns Funker – ich war bei der Fernmeldetruppe, Funker Nadolny also. Je nachdem, bei welchem Truppenteil man war, Schütze, Pionier und so weiter. Kamerad? Ich kann mir nicht vorstellen, dass ich irgendjemanden mal mit »Kamerad« angeredet habe. Den nannte man dann entweder mit Nachnamen oder, wenn man ihm näherstand, mit Vornamen. Kamerad habe ich im täglichen Sprachgebrauch nicht gehört, höchstens bei einer Beerdigung.

Sparschuh Bei uns wurde gleich beim ersten Appell gesagt: Also, die »Kameraden«, die sind in Stalingrad geblieben. Wir sind die Genossen. – Und das war ein Grundfehler der NVA, dass man diesen ohnehin suspekten Begriff »Genosse«, der bei uns mit der SED verbunden war, auf das Armeeleben übertragen hat. Dadurch wurde die SED doppelt suspekt. Schon draußen nervte die einen dauernd, und dann bist du sozusagen per Einberufung zum Genossen degradiert worden. Schwierige Sache.

Nadolny Wie war das im Zivilleben? Genosse war doch nur, wer in der Partei war?

Sparschuh Genosse war, wer in der Partei war, ja. Aber in der NVA wurden alle automatisch Genosse genannt. Die laut Dienstvorschrift korrekte Anrede lautete zwar »Genosse Soldat« oder »Soldat Sparschuh«. Aber wenn du hier etwas freihändig eine Art Syllogismus anwendest und den Mittelbegriff »Soldat« wegfallen lässt, kommt unterm Strich eben so ein mysteriöser »Genosse Sparschuh« heraus.

Nadolny Genosse Sparschuh, du guckst so versonnen ...

Sparschuh Ich erinnere mich nur gerade an unseren Genossen Feldwebel. Was ich ihm, so im Rückblick, besonders übelnehme, ist, dass er mich vom Pazifismus, der bei mir, wie ich hirngespinstig immer glaubte, tief eingeboren ist, völlig abgebracht hat. Wenn wir Schießübungen hatten, stellte der sich hin und sagte: »So, liebe Genossen, stellt euch mal vor, hier vorne, das ist euer geliebter Genosse Feldwebel.« Und dann rissen wir die Dinger durch und haben diese Schießbudenpappfigur so was von zerballert, und ich natürlich auch. Bis dahin hielt ich mich, sogar wenn es sich da um den Genossen Feldwebel handelte, im Grunde doch für einen Bertha-von-Suttner-Typ, also »Die Waffen nieder!«. Aber dass ich da so voll draufgehalten habe, das ist mir schon suspekt.

Nadolny Jens, das glaube ich dir nicht, dass du dir dabei ernsthaft vorgestellt hast, wie der Feldwebel getroffen wird, zusammensinkt, blutet und stirbt. Sobald man sich das bildlich genau vorstellt, findet man es garantiert nicht mehr lustig und ist dem Pazifismus ein Stück näher. Den Killer nehme ich dir nicht ab.

Sparschuh Danke, wirklich nett von dir. Also sagen wir vielleicht mal vorsichtiger: Killerinstinkt. Beim Raubtier Mensch steht das ja auch so, nachprüfbar, im genetischen Pass. Mordfantasien, da bin ich vielleicht keine so große Ausnahme, hat ja fast jeder. Aber um sich lebhaft vorstellen zu können, wie so etwas praktisch abläuft, muss man schon mal eine scharfe Waffe in der Hand gehalten und muss abgedrückt haben. Die Stellen, wo es schließlich die diversen Einschläge, Zerfetzungen und sonstigen Verletzungen gibt, sind ja bei der Schießübung weit genug weg, damit es abstrakt bleibt. Als er merkte, wie befreit sich alle auf ihn beziehungsweise sein Double, eingeschossen hatten, hat sich unser Feldwebel auf seine Weise sehr subtil dafür gerächt: Das nächste Mal ließ er einfach die normale Munitionskiste in der Kaserne. Und wir mussten deshalb mit Leuchtspurmunition schießen. Das hat viel Eindruck gemacht, und die Rehe im Wald waren bestimmt erstaunt über dieses schöne Feuerwerk. Alle zehn Schuss eine Leuchtspurpatrone, beim Nachtschießen, das geht ja, das ist normal. Der Witz ist nur, wenn du ein ganzes Magazin von der ersten bis zur letzten Patrone voller Leuchtspurmunition hast, ist deine MP danach vollkommen verrußt, das ist keine reine Freude. Da war dann wirklich großes Reinemachen angesagt, ein ewiges Putzen der Waffe. Und wir selbst sahen auch entsprechend aus, rabenschwarz von diesem ganzen Feuerwerk. Finstere Angelegenheit.

Nadolny Augenblick, du sprichst von MP, war das demnach nicht euer normales Gewehr?

Sparschuh Doch, unsere Standardwaffe war die Kalaschnikow, die hieß zwar »Gewehr«, war aber praktisch eine Maschinenpistole.

Erstes Befremden

Nadolny Ich möchte noch mal zum Anfang zurückschalten. Mein Soldatsein begann zunächst nicht mit der Furcht, etwas falsch oder zu langsam zu machen, sondern mit etwas, das zwischen Staunen und Geschocktsein lag, mit einem großen Befremden. Nach der Einkleidung empfand ich die Uniform als Gefängniskleidung: Jetzt bist du entindividualisiert, jenseits von Gut und Böse. Das hat sich später gegeben, aber erwähnen muss ich es.

Sparschuh Das war bei mir anders. Im ersten Moment war ich sogar sehr dankbar für diese Uniform. Ich empfand sie als eine Art Schutzkleidung, als Tarnanzug, um mich relativ unerkannt als graue Maus in der Kaserne durchschmuggeln zu können. Dass das bei der Armee natürlich so nicht funktioniert und man sehr genau darauf achten muss, wie viele Schulterstriche das jeweilige Gegenüber hat – Stichwort: Grußpflicht –, das lernt man ja erst allmählich. Ein Einschnitt, und das nun wirklich im Wortsinne, war eher die komische Einheitsfrisur, die wir alle im Speisesaal verpasst bekamen. Der erste Blick in den Spiegel war eine Offenbarung. So hatte ich mich bis dahin gar nicht gekannt.

Nadolny Was mich damals erschreckte, war zum Beispiel das Bild einer marschierenden Truppe, das hatte für mich etwas Gewalttätiges; besonders im Morgengrauen das eigentlich höchst friedliche Marschieren zum Frühstück in die Kantine – ich sah ja zum ersten Mal Menschen, die sich im Gleichschritt fortbewegen, trapp trapp trapp. So eine Kompanie im Morgengrauen beziehungsweise noch vor dem Morgengrauen im Gleichschritt die Straße lang trappeln zu sehen, das hat was Beängstigendes, das ist Kriegsbeginn. Ich finde Gleichschritt nach wie vor etwas Unheimliches, er verheißt nichts Gutes. Es sitzt wohl in den Genen.

Sparschuh Pardon, auch hier habe ich anderes zu vermelden; ich hoffe, es liegt nicht an meinen sozialistischen Genen. Aber in einer marschierenden Truppe, der grauen Masse, inkognito unterzutauchen, aufzugehen, das kann dich ja – wenn du da nicht gerade auffällig aus der Reihe tanzt oder aus dem Schritt fällst – für den Moment schützen. Zumindest vor unangenehmer Einzelbehandlung. Gar nicht so übel.

Es »schützt« dich natürlich ebenso vor eigener Verantwortung, die delegierst du ja automatisch weg, wenn du in der Truppe marschierst. Du bist nur noch Teil des Ganzen. Dass so eine Marschformation im Gleichschritt, abgesehen von der Gleichschaltung der Soldaten, auch ein gewisses technisches Problem darstellt, wurde mir klar, als wir uns außerhalb der Kaserne marschierend fortbewegten. Ich weiß nicht, ob das wirklich mal passiert ist: Aber wir mussten vor Brücken immer den Gleichschritt aufgeben, weil angeblich mal eine Kompanie im Gleichschritt eine Brücke zum Einsturz gebracht hat und mit ihr in die Tiefe gerauscht ist, wegen der auf Kompaniestärke potenzierten Erschütterung durch die aufknallenden Stiefel.

Nadolny Was mich anfangs ebenfalls mehr befremdete als später, war die Pedanterie bei allen Reinlichkeitsprüfungen. Ich kam mit der gesunden zivilen Auffassung, dass es an bestimmten Stellen sauber sein müsse, an anderen, unwichtigen aber nicht ganz so. Wer isst schon auf dem Fußboden unter dem Bett? Da wurde ich eines anderen belehrt: Alle Stellen sind gleich wichtig – wo kämen wir denn da hin, wenn jeder ... Das selbstherrliche, aber richtige Argument des Zivilisten: »Ich bin nicht jeder« brachte man besser nicht über die Lippen. Es hätte zu Erziehungsmaßnahmen geführt, denn: Wo kämen wir hin, wenn jeder sagt, er sei nicht jeder.

Sparschuh Der Behauptung »Hier kann man vom Fußboden essen« liegt eine ziemlich abenteuerliche Vorstellung von mitteleuropäischen Essgewohnheiten zugrunde; das ist ja auch nicht jedermanns Sache. Außerdem: Wenn alle Stellen gleich wichtig sind, gibt es keine wichtigen Stellen mehr, dann ist dieser unterscheidende Begriff vom Dienst suspendiert. Ich erinnere mich an diese kompanieweiten Reinigungsorgien, da waren Putzmittel, zum Beispiel Formaldehyd, in der Größenordnung von chemischen Waffen im Einsatz. Dagegen war nun die offizielle Putz- und Flickstunde, in der man sich den persönlichen Ausrüstungsgegenständen und Bekleidungsteilen widmete, fast schon so etwas wie ein Privatissimum.

Nadolny Ja, sie erschien uns, als wir mal drüber sprachen, als ein liebenswürdiger, geradezu charmanter Begriff.

Warum? Es war gewiss ein relativ friedliches Tun. Man saß da und unterhielt sich und wienerte an der Waffe rum oder an den Gamaschen oder was sonst wieder mal was abbekommen hatte, und meist hörte man euren »Soldatensender 904«, wegen der Musik ...

Sparschuh Unser Sender, ja. Und den durftet ihr hören?

Nadolny Keine Ahnung, ob wir das durften. Jedenfalls sendete der auf Mittelwelle, und zwar aus der »Zone«, aber ohne das erkennen zu lassen. Nannte sich, glaube ich, auch »Freiheitssender«.

Sparschuh Klar, wie denn sonst?! »Hier ist der deutsche Freiheitssender 904! ... Bumm«. Er war ja speziell für euch, die Sklaven des Großkapitals, gedacht.

Nadolny Die Musik war in Ordnung, sogar amerikanischer Rock 'n' Roll, wenn ich mich richtig erinnere, und außerdem kriegten wir mit, wenn eine NATO-Übung bevorstand. Das wussten die, und wir waren dann auf den Alarm vorbereitet.

Sparschuh Das war doch eigentlich ziemlich nett und mitfühlend von uns.

Nadolny Ja, menschlich irgendwie. Aber zurück zur Putz- und Flickstunde: Ich fand sie nicht immer nur angenehm. Man war den Stubenkameraden, ihren Zoten und ihrem Redestrom endlos ausgesetzt. Ab und zu kam irgendein Aufseher, Aufseher sage ich schon, also besser Unteroffizier – ein Aufsichtführender kam ins Zimmer, und es wurde Meldung gemacht. Das Meldungmachen war übrigens Konzentrationskunst: Stubennummer, Stärke der Belegschaft, wie viele davon waren anwesend und bei welcher Tätigkeit. Das Meldungmachen hat mich immer etwas überfordert, ich konnte Texte zwar schnell sprechen, war aber zu langsam im Verfassen. Wenn ich an etwas ganz anderes gedacht hatte, wusste ich manchmal nicht, was für einen Dienst ich gerade tat. War die Meldung absolviert, gab der Vorgesetzte den Befehl »Weitermachen«. Nebenbei der einzige Befehl, den ich wirklich mochte und bis heute mag, er hat so was Ermunterndes und lässt sich fürs Leben erweitern: nicht aufgeben, weitermachen! Romane zum Beispiel werden ohne diesen Befehl nicht fertig.

Sparschuh Aber nur, wenn man ihn sich selbst gibt. »Greif zur Feder, Kumpel!« oder so was funktioniert da weniger. Das sollten wir uns jetzt unbedingt merken: Wir haben also doch bei der Armee was fürs Leben gelernt. Du sitzt da und fragst dich: Was mache ich hier eigentlich? »Zu Befehl, sitze an einem Roman.« – »Gut, weitermachen.« Dass man sich – und sei es per Befehl – an seinen eigenen Haaren aus dem Sumpf ziehen kann, das ist doch die größte Freiheit, die man haben kann, oder?

Nadolny Wenn das nur immer so flott ginge.

Sparschuh Weil wir gerade vom Putzen reden: Mir ging dieser unendliche, immer wieder neu entstehende Dreck auf den Geist. Ich habe den Eindruck, nie in einer dreckigeren Atmosphäre gelebt zu haben als bei der Armee, wo doch dauernd geputzt wurde. Vielleicht hängt das mit dem zusammen, was du vorhin gesagt hast: dass keine Prioritäten gesetzt wurden. Das ist ja eigentlich die Spezialität von Irren: dass für sie alles gleich wichtig ist. So war eben alles irgendwie auf gleiche Weise schmierig, schlierig. Wenn der Prüffinger des Unteroffiziers, der oben an dieser Verdunklungsgardinenstange entlangstrich, immer wieder dreckig wurde, auch wenn wir dort oben geputzt hatten – woran lag das? Kann ja sein, vermute ich, dass der Soldat in jedem winzigen Staubkrümel, den er vor den Scheinwerferaugen des Unteroffiziers verbirgt, intuitiv ein kleines Reststück Freiheit sieht, das er partout nicht der militärischen Ordnung und Sauberkeit opfern will. Überhaupt: Dass Reinigung und Strafe beim Militär fast immer in einem Atemzug genannt werden, ist schon ein merkwürdiges Phänomen. Könnte man sicher mal tiefenpsychologisch ausleuchten. Oder besser nicht.

Kriegslist in eigener Sache

Sparschuh Wenn mir alles auf die Nerven ging, habe ich mir einfach einen Besen genommen, bin irgendwohin gegangen und habe angefangen zu kehren. Einfach so. Immer dann natürlich auf fiktiven, selbst erlassenen Befehl: »Melde: Soldat Sparschuh, abkommandiert zum Reinigen des Objekts soundso« – ich habe mich also auf eigenen Befehl von der Truppe verabschiedet. Da niemand ernsthaft glaubte, jemand geht freiwillig mit so einem kleinen Besen an den riesigen Appellplatz, dachten die natürlich: Na, den wird auch wieder seine gerechte Strafe ereilt haben. So habe ich mich einige Male für ein paar Stunden vom

Dienst suspendiert. Das war meine wichtigste Kampfhandlung in eigener Sache: mich selber von Zeit zu Zeit zu beurlauben, indem ich mir einen fiktiven Reinigungsauftrag ausdachte. Das war kein Widerstand, das war einfach eine Form von: »Ich halte den Affenzirkus nicht mehr aus, Freunde, schlagt eure Schlachten ohne mich, ich empfehle mich.«

Nadolny Ich halte das für genial. Auf diesen Einfall wäre ich nie gekommen.

Sparschuh Sag nicht so was, Sten. Meine »Not-izen« vermelden diesbezüglich: »Niemand ist vor einem großen Gedanken sicher.«

Nadolny Du kennst dich in deinem Frühwerk gut aus. Bei mir hat sich das etwas gegeben. – Aber die Idee mit dem Putzen finde ich einfach großartig. Perfekte Tarnung, Mimikri. Fast wie in der Natur.

Sparschuh Nur muss man dann auch das Hohngelächter der Soldaten, die da aus den Fenstern hingen und johlten, »ja, da kehrt der doch schon wieder«, stumm und ergeben über sich ergehen lassen …

Nadolny Sparschuh, der immer wieder Kehrende.

Sparschuh So ist es. Immerhin: an der frischen Luft und nicht im Mief – kein schlechter Tausch. Wir müssten mal überlegen, ob sich das nicht auch eventuell aufs zivile Leben übertragen ließe.

Urlaub, Frauen

Nadolny Über die Verteidigung der Freiheit wurde so viel geredet, aber man genoss auch selbst die eine oder andere Variante. Freiheit »dort« hieß vor allem Nachturlaub. Ähnlich wie bei Kindern, die länger aufbleiben wollen. Nachturlaub war etwas Kostbares, seine Streichung war eine harte Strafe. Das werdet ihr ja auch gehabt haben, Nachturlaub und Urlaub bis zum Wecken.

Sparschuh Mal abgesehen von der Variante Nachturlaub: Man macht die Augen zu und irrt durch seine privaten Albtraumwelten. Aber sonst – nein.

Nadolny Nein? Das ist doch unglaublich.

Sparschuh Ich war in Havelberg, in der schönen Stadt Havelberg, und habe die Stadt selbst nie gesehen. Erst Jahre später. Weil ich immer irgendwie Ausgangssperre hatte.

Nadolny Das ist dir einfach gestrichen worden?

Sparschuh Ich weiß nur, dass ich die ganze Zeit dort nicht aus meinem Dreckloch rausgekommen bin … doch, einmal Wochenendurlaub, da stand ich gerade mal nicht unter Strafe. Aber dann kam ich prompt zehn Minuten zu spät ins Objekt zurück, eine Fähre hatte ihren Betrieb eingestellt, wir mussten mit dem Trabant einen Riesenumweg knattern – der Spieß wartete schon, und wieder hatte ich Ausgangssperre. Aus irgendwelchen, mir heute nicht mehr erinnerlichen Gründen war ich fast die ganze Zeit mit Ausgangssperre belegt. Mal betraf es die ganze Kompanie, weil wir alle irgendeinen Scheiß gebaut hatten, mal unser Zimmer, weil wir einen Spind zerlegt hatten. Mal mich alleine, wer weiß, warum. Das war aber keine politische Widersetzlichkeit oder so, ich war nur ständig irgendwie »Mode«, so hieß das.

Nadolny Das gab es bei uns auch, und so ein armer Kerl war in seiner erotischen Entfaltung wirklich stark eingeschränkt.

Sparschuh Frauen und Armee – nee, war damals kein Thema ... Unsinn, was rede ich: War es natürlich doch! Pausenlos. Heute sieht das wohl ganz anders aus, da gibt es auch Soldatinnen. Aber damals war das ein ziemlich lupenreiner Männerverein. Wir kennen ja aus dem Schatzkästlein des Marxismus den goldenen Spruch: Das Sein bestimmt das Bewusstsein. Aus dem täglichen Leben aber wissen wir: Das Nichtsein bestimmt unser Bewusstsein unter Umständen noch viel mehr. Insofern spielten Frauen – einfach kraft ihrer Abwesenheit – doch eine Rolle. Meist in der platonischen Form, die das Thema unweigerlich annimmt, wenn sich lauter Zwangseunuchen pausenlos darüber unterhalten. Da setzt du dich am besten in den Aufenthaltsraum und schweigst dich gründlich mit dem Kompaniekaktus aus.

Nadolny Für uns waren die Frauen ja durchaus erreichbar, wenn wir nach Dienstschluss rausgingen. Die Hindernisse waren etwaiges Ausgangsverbot und – unsere eigene Schüchternheit. Wir waren, anders als du, noch sehr, sehr jung damals, und ich war in der Hinsicht nicht einer von den Mutigsten. Eine Freundin hatte ich erst nach dem Offizierstanzkurs.

Sparschuh »Offizierstanzkurs«, du großer Gott. Ihr habt euch ja akribisch auf den Ernstfall vorbereitet! Gehörte das zur »Nahkampfausbildung« – oder war euer kleiner Tanztee Teil der berüchtigten Nato-Abschreckungsstrategie?

Nadolny Die Sache war immer ernst. Wenn man gar keine kennenlernte, war das eine ernste Lage, ebenso wie wenn man es doch geschafft hatte. Ich habe die Frau, mit der ich mich dann später verlobt habe (das Verloben war schon damals eine etwas antiquierte Zeremonie), genau in diesem Tanzkurs kennengelernt. Gerade wenn man sich die meiste Zeit in hässlichen Kasernen aufhält, erliegt man jedem Liebreiz draußen sofort, es ist fast eine Frage des Zufalls, welche Schöne es trifft. Da fehlt dir eben etwas, Jens: Erstens warst du schon verheiratet, und zweitens hattest du Ausgangssperre.

Sparschuh Natürlich war das mit den Frauen auch bei uns ein ganz brennendes, ernstes Thema, vor allem für die Leute im Grundwehrdienst. Da ganz extrem. Die saßen ja für achtzehn Monate fest. Mein Gott, was hab ich da für Gespräche mit angehört. Es gab eine Telefonzelle im Objekt, da stand man Schlange und wartete, bis man an der Reihe war. Es blieb nicht aus, dass man da mehr oder weniger alles mithörte, was am Telefon verhandelt wurde.

Da gab es komische Situationen. Einmal tappte ich aus der Zelle, da sprach mich jemand aus der Reihe, also aus der schweigenden Zuhörerschaft, an. Der kam aus einem kleinen Dorf in Mecklenburg. »Sag mal, du kommst aus Berlin?«, fragte der mich. Ich nickte. »Na, dann kennst du doch bestimmt die Walli?« – »Nee.« – »Na doch, die Verkäuferin.« – »Also beim besten Willen: Wieso soll ich denn, wie …?, Walli kennen?« – »Na, Mensch, die ist doch letztes Jahr nach Berlin gezogen.«

Habe ich also auch was dabei gelernt: dass es woanders, auf dem Dorf in Mecklenburg zum Beispiel, schon sehr viel übersichtlicher zugeht.

Aber man konnte da auch Ohren-, Augenzeuge richtig tragischer Sachen werden. Wenn da plötzlich ein Kerl wie ein Schrank heulend aus der Zelle wankt, weil er gerade erfahren hat, dass seine Freundin nichts mehr mit ihm zu tun haben will. Ich glaube, mitunter gab es auch Vorgesetzte, die in so einem Fall zur »Klärung persönlicher Angelegenheiten« einen Extraurlaub gewährten. Da konnte sich der neue Macker der Ex dann auf Besuch von der kämpfenden Truppe freuen.

Gelände und Landschaft

Nadolny Die Armee hatte, ich muss es gestehen, für mich manchmal auch beinahe liebenswerte Seiten.

Sparschuh Ach, jetzt wird's ja interessant.

Nadolny Ja, man begegnet der Landschaft als Fußgänger und manchmal noch etwas intensiver in der Waagrechten, als Durch-den-Wald-Kriecher. Man sitzt stundenlang auf irgendeinem vorgeschobenen Posten und beobachtet einen Feind, der ewig nicht kommen will, was innig schade ist. Aber dafür sieht man die Natur, man hört es im schwarzen Wald knistern und sieht das eine oder andere Reh. Man lernt seine Heimat kennen und riechen. Also, ich sag es ungeschützt, Soldaten lieben manchmal deshalb ihr Land, weil sie sehr viel zu Fuß in ihm unterwegs gewesen sind.

Sparschuh Sten, wie gut, dass du das jetzt erwähnst. Ohne diesen Einschub würden wir in ein Dauer-Lamento verfallen. Mir ging es übrigens so ähnlich. Die Havellandschaft, wo wir unsere Pontons gebaut haben, hätte ich bestimmt nie so intensiv kennengelernt wie bei diesen Übungen. Das ist klar.

Nadolny Aber was die Landschaft beim schwer bepackten Funker Nadolny auslöste, war vor allem die Sehnsucht nach etwas im Moment Unerreichbarem: jetzt hier allein sein, Zeit vergehen lassen, den Stimmen des Waldes zuhören und nicht dem Getröte der Unteroffiziere. Aber obwohl das nicht möglich war, haben Wald und Feld und Gebirge immer meine Stimmung gehoben. Sie waren etwas, was sich um das Getöse der Hierarchie nicht kümmerte und nach deren Abmarsch und Verhallen genauso unantastbar dalag wie vorher. Das ging mir sogar im zerwühlten Gelände des Truppenübungsplatzes so. Ich fühlte mich innerlich verwandt mit Baum und Hügel und Horizont, das war ein winziges, notwendiges Stück Entfernung von der Truppe.

Sparschuh Diese Beobachtung ließe sich vielleicht komplettieren durch eine Entdeckung, die man nach 1989 in etlichen ostdeutschen Militärgeländen gemacht hat. Weil durch die Panzerketten und das schwere Gerät der Boden hier immer so schön zerwühlt oder durchgepflügt war und es andererseits nicht die flächendeckende Düngung wie in der Landwirtschaft gegeben hatte, konnten Biologen in diesen streng eingezäunten Arealen ganz seltene Tiere und Pflanzen entdecken – absolut einmalig: Die gab es woanders schon längst nicht mehr! Ein unbeabsichtigter Nebeneffekt der »Heimatverteidigung«, wo sie wirklich mal ihrem Namen alle Ehre machte.

Damit es uns nun aber nicht ganz ins Romantische ausufert, müssen wir natürlich auch die Gegenrechnung aufmachen: Dass die Konservendosen vom letzten Feldlager vorbildlich verrosteten, um dann eins mit der Natur zu werden, während die Plastikabfälle anscheinend ewige Hinterlassenschaften waren – gut, das ist die eine Seite. Aber es gab eben auch ganz andere, richtig haarsträubende Sachen: Altöl und Diesel, die da einfach auf freier Wildbahn abgelassen worden sind. Umwelt hat ja damals kaum jemanden interessiert. Und selbst wenn: Ich hätte auch keine Instanz gewusst, an die ich mich hätte wenden können, wenn ich gesehen habe, was da so gelaufen ist.

Vielleicht war ich auch einfach noch zu jung und zu sehr mit mir beschäftigt.

Hierarchie

Nadolny Wir sollten zurückkommen auf die jungen Leute, die wir damals – zu etwas verschiedenen Zeiten – gewesen sind. Wir kamen ja, wenn man so eine Stubenbelegschaft betrachtet, aus ganz verschiedenen Umgebungen. Ich kam von einem Gymnasium als Abiturient und voll des demokratischen Idealismus. Ich hatte irgendeinen Diskussionsclub geleitet, war jederzeit in der Lage, über die Gewaltenteilung und das Parlament usw. zu reden. Ich fühlte mich als junger Demokrat und kritisch eingestellt gegenüber allen Leuten, die ältere, autoritäre Zeiten noch im Kopf hatten und sie womöglich sogar zurückwünschten. Ich war ein Teil dieser allmählich selbstbewusster werdenden bundesdeutschen Demokratie.

Und nun das Merkwürdige, was mit mir dann vorging, als ich beim Militär war: Ich sprach auf Autorität und Hierarchie stark an. Das war etwas, was ich nie erlebt hatte, und ich fand es am Anfang ganz attraktiv. Obwohl ich zunächst mal natürlich in der unteren Hälfte dieser Hierarchie steckte, ganz unten. Ich war dann stolz, Gefreiter zu werden und einen Querstreifen am Oberarm zu tragen. Und noch stolzer, so ein komisches Silbergummibändchen um die Schulterklappe zu haben, als ich »Gefreiter UA« war, Unteroffiziersanwärter. Ich blickte auch mit so etwas wie Neid und Stolz auf diese göttlichen Silberlinge, diese Leutnants, die Silbersterne auf den Schultern hatten, das sah gut aus. Man ist, gelinde gesagt, in dem Alter etwas modeabhängig. Man reagiert auf Uniformen und Hierarchien. Und wenn ein hohes Tier auftauchte, also jemand, der lauter Gold an der Mütze hatte, da bog sich der Rücken förmlich durch, so zackig grüßte man den. Man sah solche Leute selten, es hatte einen gewissen Sensationswert. So funktioniert der Kommiss seit Jahrhunderten, und mich hat während meiner Militärzeit immer mehr gewundert, dass ich dieses Oben-Unten-Spiel ganz gerne mitgemacht habe. Auch in der Formalausbildung (so nannte man das klassische Exerzieren) habe ich alles gut gelernt, die Befehle, die ruckartigen Bewegungen.

Sparschuh Das hat sich mit der Zeit aber etwas abgeschliffen bei dir. Man merkt es dir kaum noch an.

Nadolny Rechts um, links schwenkt marsch, rührt euch.

Sparschuh Sten, setz dich doch bitte wieder. Denk an die Vase!

Nadolny Viele Befehle wurden ganz absurd ausgesprochen oder rausgeschmettert in einer Sprache, die ich zunächst nicht einordnen konnte. Ich hielt »que radé« für Französisch, vielleicht noch von Napoleon übrig geblieben. Jedes Mal, wenn der marschierende Zug eine Schwenkung beenden sollte, kam dieses rätselhafte Wort. Dass »Tilltann« stillgestanden heißen sollte, lernte ich bald. Oder »Ackenkratte – Ass!«: Augen geradeaus. Diese Verballhornung der Befehlssprache, die wäre mal eine Untersuchung wert. Dass man sich so unverständlich wie möglich auszudrücken versuchte und warum. Es spielte aber auch Intelligenz mit hinein, zum Beispiel wenn der Befehl zum Kopfdrehen nach links anders hieß als der zur Drehung nach rechts. Der nach links begann mit »Die Augen ...«, der nach rechts nur mit »Augen« – damit man wusste, was kam. »Que radé« war natürlich eine der Mutationen von »gerade«.

Aber das hat mich an mir selber gewundert, ich dachte, komisch, da hast du nun viel über das »Dritte Reich« gelernt, der Unterricht an meiner Schule war da besser als anderswo, und du verabscheust alles Undemokratische nebst Unterordnung. Und dann spielst du in diesem Affentheater doch ganz amüsiert mit.

Sparschuh Wenn man dieses andere Hinterland hatte, dann konnte man dem Militärwesen sicher ganz gut auch diese Seiten abgewinnen. Aber ich verweise noch mal auf das Buch von Joerg Waehner, »Einstrich – Keinstrich«: Bei uns wurde Armee auch als Repressionsmittel eingesetzt. Der oder der hat sich gesellschaftlich unpassend verhalten, also stecken wir den in Uniform, und dazu die permanente Drohung, ihn immer und immer wieder als Reservisten ziehen zu können. Das war bei mir der Fall. Als ich das erste Mal mit meinen Pontons fertig war und am Kasernentor, Blickrichtung Freiheit, stand, hieß es: »Auf Wiedersehen, wir sehen uns wieder, Genosse« – nein, Herr Sparschuh, so hieß es dann ja auf einmal wieder –, »und bestimmt zu einem Zeitpunkt, der Ihnen überhaupt nicht in den Kram passt.« Das hing als Dauerdrohung über dir.

Nein, eine Ausnahme muss ich doch machen: mein Feldwebel. Der nahm mich beim Abschied zur Seite und sagte leise zu mir: »Sparschuh, also Sie möchte ich hier wirklich nie wiedersehen.« – Gut, an mir hätte es ja nicht gelegen.

Ich glaube, der grundsätzliche Unterschied zwischen Bundeswehr und NVA bestand vielleicht darin, dass wir im Osten nun wirklich völlig gebrannte Kinder waren, auch mit diesem ganzen vormilitärischen Zeug. Später führten sie dann auch noch das Fach »Sozialistische Wehrerziehung« ein. Ich glaube, das war der letzte Tropfen, um das Fass antimilitaristischer Stimmung zum Überlaufen zu bringen. Wenn du dich als pickeliger Teenager in diese komischen Uniformen zwängen musst und mit Luftgewehren auf Scheiben schießt, kriegst du bald selbst eine Scheibe. Diese ganze forcierte paramilitärische Erziehung hat bei uns, glaube ich, genau das Gegenteil bewirkt.

Schleifen und Sadismus

Sparschuh Was mich am meisten irritiert hat, war der Umstand, dass ich ursprünglich mit einer gewissen Naivität gedacht hatte, dort sind die Offiziere und Unteroffiziere, und hier sind die Mannschaften – und wenigstens die Muschkoten halten irgendwie zusammen und machen das Beste daraus. Wie man es eben aus romantischen Militärfilmen kennt. Aber – Pustekuchen! Bei uns gab es eine ganz starke Trennung. Zwischen denen, die schon lange da waren, die EKs, die Entlassungskandidaten, und den »Frischlingen« oder »Sprutzen«, die neu dazugekommen waren. Es gab eine ganz starke Hierarchie unter den Soldaten. Nehmen wir mal das Waffenreinigen oder die Putz- und Flickstunde. Könnte doch an sich 'ne ganz gemütliche Veranstaltung sein. Aber wenn ein EK am Hocker mit der sauber zerlegten Kalaschnikow-Maschinenpistole vorbeikommt, muss der natürlich ganz zufällig mit dem Stiefelhacken daran stoßen, sodass der neue Soldat nun mühsam alle Federn und Teile auf dem Fußboden wieder zusammenlesen musste.

Das hat mich am meisten entsetzt. Den meisten Stress haben wir uns untereinander gemacht. Die Offiziere haben das sehr wohl gesehen und sehr wohl auch geduldet: Die machen sich untereinander fertig, gut, da haben wenigstens wir unsere Ruhe. Das fand ich entsetzlich.

Nadolny Das habe ich bei uns 1961/62 nicht annähernd so erlebt. Da war zwar so eine lächelnde Überlegenheit derjenigen, die schon etwas länger da waren und Gefreite hießen. Ein Herabsehen auf die jungen Spunde, die da nun einrückten und von Tuten und Blasen keine Ahnung hatten. Man blickte auf die milde herunter. Aber nur in absoluten Einzelfällen hat es Schikanen unter einfachen Soldaten gegeben, also zwischen Länger- und Kürzergedienten.

Sparschuh Vor ein paar Monaten habe ich im russischen Ogonjok über den furchtbaren Alltag in russischen Kasernen gelesen. Dass solche Schikanen unter den Soldaten in der russischen Armee fast die Regel sind. Da gibt es einen Begriff, die Onkelchen-Ordnung heißt das, und das bedeutet: Der, der vor Entlassung steht, ist sozusagen uneingeschränkter Herrscher über Leib und Leben der jungen Rekruten. Mit allen Brutalitäten. Diese ganze erbarmungslose Hierarchie, verbunden mit der körperlichen, auch der sexuellen Ausbeutung junger Rekruten. Das hat Ausmaße in Russland, die sind völlig verheerend. Die müssen schon gar nicht mehr in irgendeinen Krieg ziehen, die haben von früh um fünf an täglich ihren Krieg, ihren Überlebenskampf, in der Kaserne. Insofern ist der Kasernenalltag im Osten – nicht nur in Russland –, wo es nicht so etwas gab oder gibt wie Innere Führung, wo an so etwas gar nicht erst gedacht war, wahrscheinlich schon ein ganzes Stück näher dran an einer existenziellen Urerfahrung des Ausgeliefertseins. Wenn man nicht schon vorher an vielen anderen Punkten seine Zweifel an der Gesellschaftsform hätte haben können, die wir drüben versucht haben, dann spätestens beim Militär, wo man gesehen hat, dass selbst die allerelementarsten Ordnungsvorstellungen außer Kraft gesetzt wurden. Das kann ja nun wohl gar nicht funktionieren. Wenn alle Ordnung mit Füßen getreten wird, dann ist es doch derselbe alte Stiefel wie beim alten Kommiss.

Nadolny Zwischen höheren und unteren Dienstgraden gab es natürlich auch bei uns nicht immer angenehme Verhältnisse. Ein Unteroffizier konnte ein Schleifer sein, das konnte bis an den Rand des Strafrechtlichen gehen. Es gab denn auch ein paar Skandale, in Nagold 1963 etwa, wo sich Schikanen und regelrechte Quälereien in irgendwelchen Einheiten eingebürgert hatten und dann ans Tageslicht kamen. Man hat sich darüber mit Recht aufgeregt und tut das auch mit Recht immer wieder, wenn es auftritt, man denke an Vorfälle in Coesfeld vor einiger Zeit. Wir hatten vor bestimmten Gefreiten oder Unteroffizieren wirkliche Angst, weil die uns mit ihrer kleinen Macht, die sie hatten – es war eigentlich doch eine beträchtliche Macht –, körperlich ermüden und an den Rand bringen konnten, das nannten sie »den Rekruten Stoff geben«. Durch Befehle wie »Atomblitz!« zum Beispiel, da musste man sich sofort auf den Boden schmeißen, Hacken runter, und während man noch an der ABC-Schutzmaske nestelte –

Sparschuh Panzer von rechts!

Nadolny Panzer von rechts. Und es endete eigentlich immer im Schlamm, das ist klar. Das ist wie bei »08/15«, dem berühmten Kriegsroman von Hans Hellmut Kirst. Das gab es selbstverständlich, dass kleine Geister sich fürchterlich hervortaten. Wenn der Zugführer das nicht merkte oder wenn er auch von dieser Couleur war, dann konnte es sehr, sehr unbequem werden.

Aufstieg

Nadolny Kaum war ich Unteroffiziersdienstgrad, merkte ich, dass gegenüber den Kameraden, mit denen man auf Stube gelegen hatte – das waren Bäckermeister, Schlosser, Friseure, Leute aus dem sogenannten einfachen Volk, mit denen man wirklich gute Nachbarschaft gepflegt hatte –, jetzt plötzlich so eine gewisse Distanz auftrat. Und zwar weil man das für nötig hielt: Ich kann doch jetzt, so das Gefühl, mit dem guten Maier oder Müller nicht mehr so ganz befreundet sein und mit ihm reden wie immer, zumal wenn er vor mir steht und ich ihm Befehle zu geben habe. Das war ja auch im Prinzip richtig. Aber die Angst davor, dass man vielleicht kein so richtig guter Vorgesetzter wäre, wenn man den Kopf zu sehr voll hatte mit: »Den kenn ich, den verschone ich« oder: »Dem gebe ich lieber einen leichteren Auftrag«. Diese Angst führte dann zu einer Distanzierung und sogar zu einer gewissen künstlichen Kälte, die ich mir selber übel genommen habe. Aber sie hing natürlich mit einer Ängstlichkeit zusammen: Ich wollte als frischgebackener Vorgesetzter nicht, wie könnte man sagen, korrumpierbar sein. Andererseits, wenn ich diesem Maier als Vorgesetzter begegnete, beim Waffenappell zum Beispiel, versuchte ich das halblaut ins Komische zu ziehen: »Werner, wir mimen das jetzt, wir spielen Untergebener und Vorgesetzter – machst du mit?« Und er klemmte die Arschbacken zusammen, machte Meldung und hatte großen Spaß daran. Wenn sein Rohr nicht sauber gewesen wäre (war es aber), ich hätte keinen Ton gesagt, wirklich nicht, du lieber Himmel! Ich bin, glaube ich, auch im Militär immer Zivilist geblieben und etwas weichherzig-liberal. Das war wohl die Präsenz meines Elternhauses, speziell meines Vaters. Es gibt Beispiele für den als Militär getarnten Zivilisten Nadolny, die jeder wirkliche Soldat katastrophal finden würde. Schau bitte nicht so, Jens, es waren ein bisschen waghalsige Sachen. Sei's drum. Die westliche Freiheit blieb ja trotzdem erhalten.

Sparschuh Was waren denn das für waghalsige Sachen? Unterliegt das noch der Schweigepflicht?

Nadolny Ich rücke ungern damit heraus, weil ich mich dafür ganz einfach geniere. Auf dem Truppenübungsplatz hatte vor dem Schießen ein Rekrut eine Patrone aus dem Magazin entfernt, unbemerkt, wie er dachte, und in die Hosentasche gesteckt. Statt ihn zu melden, wie es die Disziplin verlangt hätte, habe ich ihn als Aufsichtführender nur drohend angezischt: »Stecken Sie die Patrone wieder ins Magazin, aber ganz schnell!!« Ich denke zwar, dass er ein Souvenirsammler war, er wollte mit der Patrone unter Sammlern renommieren. Ich kannte ja seinen Spind.

Heute weiß ich: Das war bei mir nicht etwa Liberalität, sondern pure Schwäche. Beim Entwenden von Munition, da wird es wirklich ernst, das muss einfach bestraft werden. Ich leistete mir da eine Großzügigkeit, die nur meiner größten Schwäche entsprang, der Eitelkeit. Ich wollte mich mächtig fühlen: Du hast zwar schwer gefehlt, du dummes Luder, aber ich rette dich noch mal. Heute sage ich mir: Nadolny, das lag völlig daneben. Aber das war so eine Versuchung: Man muss als Vorgesetzter ständig künstlich distanziert sein, und da will man sich dann doch auch mal als Mensch mit großem Herzen erweisen. Das ist ja auch wichtig. Aber man muss da ein gewisses Unterscheidungsvermögen entwickeln.

Sparschuh Weil du das Stichwort »künstliche Kälte« gibst: Aus der einfachen Muschkotenperspektive fällt mir ein, wir sind mal mit unserer Lkw-Kolonne durch eine Stadt gefahren, ich glaube, Eberswalde war das, auf dem Weg an die Oder. Und hinten, wo die Mannschaft saß, stand das Verdeck offen. An einer Ampel hielten wir. Unten, am Straßenrand, stand eine Kindergartengruppe nebst netter Kindergärtnerin. Die Kinder freuten sich, leibhaftige Soldaten zu sehen, und winkten wie blöde. Ich saß da, wieder mit meinem ABC-Gerümpel, und guckte ganz grimmig und böse. Gegen alle meine Gewohnheit! Ich wollte denen mit diesem Gesichtsausdruck à la Frankenstein einfach nur signalisieren: Freunde, geht bloß nicht zu dieser Armee, das ist nicht gut für euch, das ist kein Spaß.

Mitleid mit dem Intelligenzler

Sparschuh Es gab ja eine bürgerliche Verfasstheit eures Staates. Bei uns fehlte so ein Ordnungssystem. Da schlugen Hass und Verachtung ganz direkt durch, vieles haben wir unmittelbar miteinander abgemacht. Zum Beispiel gab es immer Vorurteile gegen die DDR-Intelligenz. Von heute aus gesehen, vom Trockenen aus, würde ich sagen: nicht zu Unrecht. Ganz besonders große Ressentiments gab es natürlich, wenn jemand aus Berlin kam. Und noch dazu eine Brille trug. Da hatte man, militärisch gesprochen, »die Brille auf«. Ganz simpel wurden diese Vorurteile von den Leuten, die Bauschlosser oder Bauern waren, personalisiert auf das schwarze Schaf. Ich hab das nicht persönlich genommen. Gestört hat es mich trotzdem.

Nadolny Du hattest doch damals schon den Doktortitel?

Sparschuh Ja, und das ist das größtmögliche Handicap bei einer Armee, jedenfalls dort, wo ich war, ganz unten.

Nadolny Wussten die anderen davon?

Sparschuh Es stand ja so in den Wehrunterlagen, man musste immer seine Dokumente aktualisiert haben. Ich war gerade fertig gewesen und musste meine neuen Papiere einreichen: »Ah, der Herr Doktor, na, wollen wir doch mal sehen, was wir so alles gelernt haben.«

Nadolny Wir waren zu jung, um schon Doktor zu heißen. Es hätte zumindest Anzüglichkeiten und Schikanen eingebracht, ohne Frage. Ich erinnere mich daran, dass jemand in meinem Zug Nachturlaub eingereicht hatte, ein junger Mann von altem Adel. Schon das gab dem Vorgesetzten zu denken. Obendrein hatte der Rekrut als Urlaubsbegründung angegeben »Soirée«. Den Nachturlaub kriegte er natürlich nicht. Soirée! Dem Unteroffizier vom Dienst war das äußerst suspekt. Französisch – da steckte doch was dahinter. Vielleicht eine Orgie, zu der nur Barone und Grafen Zutritt hatten? Abgelehnt!

Sparschuh Eigentlich wart ihr ja dann auch so was wie eine »Volksarmee« – Abschaffung der Standesunterschiede, das hört sich nicht schlecht an.

Also, die Stände waren bei unserer Armee im Arbeiter- und Bauernstaat natürlich auch wild gemixt. Das hatte sein Gutes. Es gab bei uns ganz wunderbare Leute, solche mit praktischer, technischer Erfahrung, die einem ohne große Worte geholfen haben. Das war ja eine verdammt schwere Arbeit. Ich hatte damals gerade Mumps hinter mir, hatte zehn Kilo verloren, und diese Pontonarbeit war Knochenarbeit. Riesige grüne Stahlschweine punktgenau abzuwerfen und mit so einem Pioniereisen heranzuspringen und im letzten Moment die Verankerung zu lösen, damit die dann vorschriftsmäßig auseinanderklappen, das war nicht leicht. Da gab es auch fabelhafte – hier würde ich tatsächlich mal sagen: – Kameraden, die haben das sozusagen mit links für mich mitgemacht, weil die gesehen haben, der hängt da mit ganzer Kraft als halbes Stück Spucke dran und schafft es sowieso nicht. Kameradschaft gab es. Es wäre sträflich, das zu vergessen.

Handwerk

Nadolny Zur Sache. Ich verstehe von Pontons wenig, und du hast dir wahrscheinlich nur die Anfangsgründe des Fernmeldewesens erarbeiten können, also wie man einen Telefonhörer hält, vermute ich. Eigentlich habe ich da auch selber gar nicht viel zu bieten, wenn ich von der Technik und der Truppe, also von meiner speziellen Truppe, spreche. Ich habe ja diesen ganzen Dienst nie wirklich ernst genommen. Deswegen konnte ich mir schlecht merken, was ich eigentlich zu lernen hatte. Apparate wie die Vermittlung zu zwanzig Anschlüssen, nein, es waren zehn, oder das Feldmesskästchen oder wie man Feldkabellängen verbindet, das habe ich gerade noch begriffen und mir gemerkt. Ich war der längste in der Truppe, daher musste ich als »Erster Drahtgabler« das Feldkabel über irgendwelche Baumäste verlegen. Mit einer sehr langen Gabelstange, der Drahtgabel. Da muss man fast so stark sein wie die Pioniere, dazu noch groß genug. Aber Richtfunkgeräte und wie sie einzusetzen und wie sie überhaupt in Gang zu bringen waren, das ist mir damals schnell wieder aus dem Kopf verschwunden, weil ich – und nicht als Einziger – das Gefühl hatte, »angewandt wird dieses Können sowieso nicht«. Wenn der Atomkrieg kommt, ist alles nicht mehr wichtig oder jedenfalls noch unwichtiger, als wenn er nicht kommt. Man denke, ein Feldmesskästchen im Atomkrieg!

Sparschuh Also, eine Armee, die ins Feld zieht und dann umständlich Drähte auf Bäumen verlegt, die würde heutzutage schon Erschrecken verursachen. Das wäre wohl vor allem der Überraschungseffekt. Man wüsste nicht genau, was diese Eichhörnchen im Tarnanzug zu bedeuten hätten – da muss doch was dahinterstecken!

Nadolny Wie im 18. Jahrhundert: Vorsicht, der Gegner tut Unbegreifliches, am besten ist sofortiger Rückzug! – Aber erzähl mal von den Pontons. Ihr wart Brückenbauer, also das, was eigentlich Pioniertruppe heißt, nicht?

Sparschuh Das ist an sich eine ganz einfache Sache. Da sind auf Lkws große, grüne Kästen aufmontiert. Vorn, im Fahrerhäuschen, sitzen ein Fahrer und ein oder zwei Pontoniere. Die Kolonne dieser Fahrzeuge fährt nun an einen Fluss heran, legt den Rückwärtsgang ein, fährt ans Ufer und wirft der Reihe nach diese Dinger ab. Die befinden sich auf Rutschen, da wird eine Schräge ausgefahren, dann gleiten die Dinger runter, gehalten durch Stahlseile, im letzten Moment, beim Eintritt ins Wasser, wird das Seil gekappt. Der Pionier mit seinem Piониereisen muss eine Versperrung lösen, und dann klatscht der Ponton, wenn er schon schwimmt, auseinander. Dadurch ist aus diesem zusammengeklappten Kasten ein auseinandergeklapptes, schwimmendes Brückenteil geworden. Das passiert bei dem nächsten Lkw genauso. Dabei muss man aufpassen, dass man richtig zur Strömung steht. Nachdem die Leute im Boot, das da auch noch irgendwo herumschwimmt, die einzelnen Teile miteinander verbunden haben, schiebt die Strömung diese Pontonkette so über den Fluss, dass eine Brücke entsteht.

Vorher wird genau ausgemessen, wie breit der Fluss an dieser Stelle ist, damit man weiß, wie viele Brückenelemente man braucht. Zum krönenden Abschluss kommt der Kompaniechef in – ja, seltsam – Reiterhosen. Weiß auch nicht, warum, war ja keine Kavallerieeinheit. Der inspiziert dann die Brücke und läuft in seinen Reiterhosen drüber. Und wehe, wenn er dabei nasse Füße bekommt, ja, das ist dann schon ein besonderes Vorkommnis, obwohl es natürlich immer schwierig ist, die Uferverhältnisse richtig einzuschätzen. Aber im Grunde ist das schon eine praktische Sache, wenn du dir überlegst, wie lange normalerweise an einer Brücke gebaut wird. Und so eine Pontonbrücke, die steht in ein paar Minuten.

Nadolny Das war also deine Spezialtätigkeit, das war eine Untergruppierung der Pioniertruppe, die überall dafür sorgt, dass passierbare Wege entstehen?

Sparschuh Das ist normale Pioniertätigkeit, und die ist mitunter schwer. Wenn meinetwegen die Versperrung an den Pontons ein bisschen schwerer geht, kann man an dem Pioniereisen sonst was für Hebelgesetze ausprobieren, dann kriegt man das Ding einfach nicht rum. Und dann ist man darauf angewiesen, dass einem jemand hilft. Sonst versinkt man da neben seinem Ponton im Schlamm; das ist mir nicht nur einmal passiert.

Nadolny Bei uns hieß es immer, Pioniere seien dumm und stark.

Sparschuh Ich war als Pionier dumm und schwach. Das war mein Problem.

Nadolny Und ich weiß jetzt gar nicht mehr, was die über die Fernmelder gesagt haben …

Sparschuh … Tastenficker.

II

Ernstfall und Ernst

Nadolny Ich möchte auf den Ernstfall zu sprechen kommen. Den möglichen realen Ernstfall. Irgendwann war es ja mal fast so weit, 1962, da war ich auf der Heeresoffiziersschule in München. Wir mussten plötzlich auf dem Exerzierplatz antreten, man wollte uns verkünden, die Lage sei ernst. Ich hielt das zunächst für eine Art geistig-moralischen Übungsalarm, es war aber die Kubakrise. Es stand Spitz auf Knopf zwischen den USA und der Sowjetunion, eine wirklich gefährliche Situation, wenn man ein paar Fehler mehr gemacht hätte oder wenn unglückliche Zufälle passiert wären. Die Inspektionen – so heißen die Formationen auf der Offiziersschule, der Stärke nach etwa Kompanien – marschierten also zu einer ganz großen Befehlsausgabe auf, als stünde der Krieg unmittelbar bevor.

Aber Jens, weil ich mir immer nur die Dinge merke, die nicht zur Sache gehören, muss ich auch dies erzählen: Alles stand im »Stillgestanden«, dann befahlen die Inspektionschefs ihren Leuten »Rührt euch!«, weil Ansprachen gewöhnlich nicht im Stillgestanden entgegengenommen wurden. Einem der Majore war das Rührt-euch aber für den welthistorischen Augenblick nicht feierlich genug. Dieser Augenblick verlangte finstere Entschlossenheit, undenkbar, dass man im Status der Rührung stand, irgendwie gerührt stand. Daher befahl er nicht »Rührt euch«, sondern »In den Knien rührt euch«. Das war sofort verständlich: Seine Leute durften nicht den linken Fuß nach vorne stellen, nix mit Stand- und Spielbein! Nur in den Knien durften wir rühren, oder sagen wir: weich werden. Ich habe das Kommando noch nie vorher und nie mehr danach gehört. Es ist auch in keiner Heeresdienstvorschrift zu finden. Aber man sieht, mit welcher Kreativität im ersehnten großen Moment plötzlich neue Symbole erfunden werden – von so einem Kommisskopp. Ist mir unvergesslich. Wohl deshalb, weil ich stets ein gestörtes Verhältnis zum Ernst der Lage gehabt habe.

Sparschuh In meiner Zeit war das so, dass das Hauptproblem eher wieder im Osten lag. Ich war Anfang der Achtzigerjahre dort. Da herrschte gerade Kriegsrecht in Polen. Und die Einheiten, die vor uns da waren, die standen immer halb auf dem Sprung, weil man nicht wusste, wie es da in Polen weitergehen würde. Ob eventuell, ähnlich wie 1968 in Prag, »brüderliche Hilfe« auf der Tagesordnung stand. Der zweite Ernstfall, noch weiter östlich: Da hatten die Sowjets über ihrem Territorium ein südkoreanisches Flugzeug abgeschossen. Das war irgendwie in den sowjetischen Luftraum geraten und wurde von sowjetischen Raketen abgeschossen. Die Sowjets haben es als Provokation dargestellt, Verletzung des Luftraums. Es gab Gerüchte, dieses Passagierflugzeug Koreas habe irgendwelche Spionageabsichten verfolgt. Ein bisschen irre natürlich, mit einem Passagierflugzeug, das über zweihundert Leute an Bord hat, Spionage betreiben zu wollen. Aber wer weiß, menschliche Schutzschilde gibt es ja heute auch. Das war damals bei uns die heikelste Situation.

Nadolny Es kann immer schreckliche Pannen geben, Schludereien, Verständigungsfehler. Viele Filme handeln lustvoll von erfundenen Pannen, die dann bis dicht vor den Atomkrieg führten. Wir sind doch merkwürdige Konsumenten, jedenfalls die meisten von uns und ich leider auch. Wir sind daran gewöhnt, dass so was dem Sektor Unterhaltung zuzurechnen ist. Aber wir staunen nicht schlecht, wenn uns real und persönlich was Gefährliches begegnet. Dann tasten wir gewissermaßen nach der Fernbedienung: Läuft nicht irgendwo was Besseres?

Innere Führung und Rotlicht

Sparschuh Sten, wir hatten im ersten Teil die Frage besprochen, ob es eventuell Erlebnisse gab, die Langzeitwirkung auf uns hatten. Eine Institution wie Staatsbürger in Uniform und Innere Führung, die gab es bei euch. Bei uns gab es Vergleichbares wie gesagt nicht. Dafür gab es ein merkwürdiges Buch: »Vom Sinn des Soldatseins«. Das wurde aber mehr zur ästhetischen Auffrischung gut sichtbar in den Spind gelegt. Ich kann mich nicht erinnern, dass jemals jemand wirklich in diesem Buch gelesen hätte. War das vielleicht in eurer Gesellschaftsform und mit anderer Verfassung bei euch mit diesem »Staatsbürger in Uniform« ein bisschen ernster gemeint?

Nadolny Es war sehr ernst gemeint. Es hatte ja auch einen ernsten Hintergrund. Erstens waren wir damit beschäftigt, Lehren aus der Nazizeit zu ziehen, aus den Folgen des Kadavergehorsams und des Treueeides auf einen Diktator persönlich. Schluss mit dem Befehlsempfängersoldaten, der keinen Spielraum hatte, seinen Auftrag und die Lage auf seine Weise zu beurteilen! Das Zweite war, dass es natürlich dringend erforderlich war, diese 1956 wieder gegründete Armee besonders demokratisch aussehen zu lassen und auch wirklich demokratisch zu machen, Abschied von gestern war angesagt. Weil es ja auch Unbehagen gab. Sehr viele Leute haben gesagt: »ohne mich«, daher auch der Ausdruck »Ohnemichel«. Nie wieder Uniform, vor allem nie wieder Deutsche in Uniform! Da werden wir, argwöhnten die, nur westlich eingebunden, aber es geht genauso wieder in den Krieg, und das ganze Leiden fängt wieder an: Ahnungslose junge Männer werden wieder eingezogen und für eine Politik verheizt werden. Es gab eine starke Stimmung gegen die Bundeswehr. Das war einer der Gründe, den Staatsbürger in Uniform, also den demokratischen Soldaten, zu erfinden und zu pflegen. Was natürlich in der Praxis nicht immer überzeugend ausfällt. Es schafft mitunter Absurditäten, Stoff zum Schmunzeln. Diese Innere Führung war wirklich gut erdacht, wurde aber oft auf Kompanie- und Zugebene zu etwas, was nur noch Sprücheklopfen war. »Freiheitlich demokratische Grundordnung«, das konnte man so runterleiern und ihre Prinzipien pflichtschuldig aufsagen, ohne selber viel damit zu verbinden – Offiziere und Unteroffiziere sind nicht durchweg Intellektuelle. Und tatsächlich gab es ja logische Merkwürdigkeiten, nur ideologisch begründbar. Die Pflege des Andenkens an den 20. Juli, an das Attentat gegen Hitler, an den Aufstand des Gewissens. Bravo, absolut richtig. Aber wie kam man zu dem selbstständig denkenden Soldaten, der Befehlen in dem Moment, wenn sie verbrecherisch werden, nicht mehr folgt? Der das durch moralisches Unterscheidungsvermögen herausfinden kann? Daran hatten speziell die Weltkriegssoldaten einige Zweifel. Es war ein sehr ehrenwerter Notenschlüssel für eine neue Armee. Nur gab es zu viele Leute, die damit überfordert waren. Der Muschkote im dritten Glied versteht nicht unbedingt einzuschätzen, wann der Gewissensfall gegeben ist und wo die Menschheit von ihm erwartet, dass er den Befehl verweigert. Er hat vielleicht etwas von Hitler gehört, aber zu tun hat er es mit dem Feldwebel. An dieser Linie lauerte der Gegensatz zwischen dem überall noch dünstenden Fußschweiß der autoritär geführten Weltkriegsarmee und den Idealbildern des demokratisch mitdenkenden Soldaten, des mitdenkenden Gehorsams. Ich habe das als die eigentlich wichtige Auseinandersetzung empfunden und mich damals an einem Essay versucht: »Schadet Denken dem Soldaten?«, 1964 dann übrigens meine erste erwachsene Veröffentlichung, ein ganzseitiger Artikel in der ZEIT, unter Pseudonym, weil ich vermeiden wollte, dass meine Eltern darauf angeredet wurden. Heute kommt mir diese Rücksichtnahme komisch vor.

Sparschuh Wie war dein Tarnname in der ZEIT?

Nadolny Mathiessen. Der leicht abgewandelte Geburtsname meiner Großmutter väterlicherseits.

Sparschuh Wenn du sagst, dass für euch der 20. Juli eine Rolle spielte, dann marschierte die NVA auf der Suche nach ihrer Tradition – mit ihrem berühmten Stechschritt – noch sehr viel weiter zurück. Wir hatten da ganz andere Quellen, und deswegen gab es auch den demokratisch gemeinten Ansatz vom Staatsbürger in Uniform nicht. Auch das mit der Entnazifizierung lief ja bei uns ganz anders. Die DDR gehörte, nach eigener Lesart, irgendwie mit zu den Siegern der Geschichte. Man musste beinahe den Eindruck haben, dass die NVA, Seite an Seite mit der Roten Armee – vielleicht sogar die Nase ein bisschen vorn –, den Zweiten Weltkrieg gewonnen und das deutsche Volk vom Faschismus befreit hätte. Da war es nun das Naheliegendste, bei den Befreiungskriegen anzuknüpfen, 1813, als die Deutschen schon einmal verbündet mit den Russen waren und gemeinsam gegen Napoleon ins Feld zogen. Eine alte Kampfgemeinschaft unter Waffenbrüdern also. Du siehst es auch an den Orden, die es bei uns gab: den Scharnhorst-Orden oder den Theodor-Körner-Preis. Das war die Traditionslinie der NVA, auch wenn das damals, 1813, nun ausgerechnet »Volkssturm« hieß. All das, was du von einem Demokratisierungsprozess und einer Rechtfertigung der Armee gesagt hast, musste bei uns nicht geleistet werden, weil die Sache ja sowieso schon entschieden war: Die militaristischen Kräfte stehen jenseits der Elbe – diesseits, im Bunde mit der Sowjetunion, ist das fortschrittliche Potenzial der Menschheit versammelt. Wahrscheinlich war das einer der Gründe, weswegen es in der NVA den Staatsbürger in Uniform und eine entsprechende Reflexion nicht gab, nicht mal im Ansatz.

Nadolny Wir legten damals größten Wert darauf, in unserem Kompanieunterricht usw., dass »Ideologie« natürlich nur im Osten zu finden sei, im Westen hieß das nicht Ideologie, sondern war Demokratie und Recht und Freiheit. Aber im Grunde läuft es darauf hinaus, dass die Innere Führung eine Erziehung zum politisch bewussten Staatsbürger nicht in Uniform, sondern trotz Uniform war.

Es muss doch bei euch auch dieses ewige Thema gegeben haben: »Wofür kämpfen wir«, in dem Falle wohl auf sozialistisch? Gab es denn keine Politoffiziere, die schneidige Ausführungen zur Überlegenheit des Sozialismus über den kapitalistischen Westen machten?

Sparschuh Natürlich, permanent. Aber ich hatte vorhin erwähnt, dass die NVA so etwas war wie der Hochsicherheitstrakt in einem Gefängnis. Und wenn du den Leuten im Hochsicherheitstrakt sagst: »Kämpft dafür, heldenhaft unser Gefängnis zu verteidigen«, dann wirst du bei denen selbstredend nicht viel Begeisterung auslösen. Die sitzen ja schon doppelt im Gefängnis. Natürlich hatten wir trotzdem jede Menge, wie nannte man das, Rotlichtbestrahlung. Ja, wir hatten den Sozialismus zu verteidigen, aber du siehst ja, was daraus geworden ist.

Bevor wir zu den ideologischen Inhalten kommen, schnell noch eine Formfrage. Derlei steht ja bei der Armee immer obenan. Am Beispiel unseres Politoffiziers, der für das Rotlicht zuständig war, ist mir nämlich etwas klar geworden, was mir draußen im Leben sehr die Orientierung erleichtert hat. Es gab bei uns einen gewissen Überhang an Politoffizieren. Das waren – nach den Gesetzen der militärischen Laufbahn – meistens im Dienstgrad höhere Ränge, während unser Kompaniechef beispielsweise bloß Hauptmann war. Unser Politoffizier, ein Major, war also von der Dienststellung her einem Rang-untergebenen, einem Hauptmann, unterstellt. Das war schon pikant zu beobachten, wie die miteinander Umgang hatten. Wie der Hauptmann manchmal den Major zusammenschiss.

Da habe ich durchaus was fürs Leben gelernt: wie

Dienstrang und Dienststellung mitunter spannend kollidieren können.

Was mögliche Komplikationen zwischen Dienstrang, Alter, Geschlecht und so weiter betrifft, das reicht ja noch weiter – sogar bis ins halbe Privatleben hinein.

Mal ganz praktisch, du schlenderst mit deiner Freundin, Arm in Arm, die Maximilianstraße entlang, und euch kommt dein Hauptmann entgegen.

Nadolny Das passierte nicht so oft.

Sparschuh Ganz egal. Die Frage lautet: Was nun?

Nadolny Wie, »was nun«?

Sparschuh Na, wer stellt wem wen zuerst vor?

Nadolny Zum Beispiel ich den Herrn der Dame.

Sparschuh Nein, falsch! Falls deine Freundin jetzt nicht gerade die Frau vom Hauptmann ist – wovon ich einfach mal ausgehen will –, stellst du sie ihm zuerst vor. Er ist der Vorgesetzte, er muss in jeder möglichen Situation den Überblick haben. Dann stellst du den Hauptmann deiner Freundin vor. Der Knigge, der das Verhältnis Mann-Frau sonst regelt, ist in diesem Fall also kurzzeitig vom Dienst suspendiert.

Nadolny Weil gutes Benehmen den Überblick raubt?

Sparschuh Unweigerlich.

Nadolny Jens, du wolltest aber eigentlich etwas zu den Inhalten der Rotlichtbestrahlung sagen.

Sparschuh Stimmt. Diesem sehr speziellen, etwas bizarren Rotlichtmilieu wollte ich nicht ausweichen, aber viel wurde da wirklich nicht geboten, deswegen vielleicht diese kleine Ausflucht eben. Der Politmajor hat uns natürlich immer wieder zu Herzen gehende Vorträge über das wahre Wesen des Imperialismus, sprich: »Impralismus«, gehalten, aber das konnte so wohl kaum bis zum Letzten vordringen. Das war eben Ideologie, mehr nicht. *(Sparschuh saugt still an seiner Pfeife.)*

Nadolny Schweigeminute für eine beerdigte Ideologie?

Sparschuh Ja, das Feuer ist aus. – Ich helfe mir mal mit einem Zitat aus, wie es im Biermann-Gedicht heißt, mit diesem wunderbar waghalsigen Zeilensprung:

> In der DDR ist der Sozialismus lebendig
> begraben.

Da kann einem natürlich das Blaue vom Himmel erzählt werden, wenn du aber in deinem Militäralltag nur mal einen winzig kleinen Antrag stellst, und der wird einfach kommentarlos abgelehnt: Nein, njet – dann siehst du die Sache eben anders. Natürlich haben die auf Deutsch Nein gesagt, aber es war schon dieses kalte, russische Njet. Und du bleibst draußen vor und kannst es nicht begreifen. Du bist einer Willkür hundertprozentig ausgeliefert. Da fällt es schwer, den ganzen Laden noch irgendwie mit Herzblut verteidigen zu wollen.

Nadolny Da habe ich mehr Glück gehabt. War mir damals nicht so klar. Ich habe den Laden teils amüsiert betrachtet, teils verachtet.

Und dann bin ich auf die Idee gekommen, dass Kriegsdienst für mich nichts sei. Das war aber später, als ich dann einigermaßen links angehaucht war und fand, ich müsse mich dem System verweigern. Also habe ich Antrag auf Kriegsdienstverweigerung gestellt, 1967. Ich rief zuvor, um mich beraten zu lassen, in einer stadtbekannten linken Anwaltskanzlei an. Dort riet mir ein Mann namens Ströbele – was sagst du zu meinem Namensgedächtnis? –, ich solle nur strikt von meinem Gewissen reden. Nichts von Kapitalismus oder Sozialismus. Einfach nur beteuern, dass ich niemanden töten könne, damit würde ich durchkommen. Ich wollte aber etwas zu – Moment, ich habe ein bissel den Faden verloren.

Sparschuh Kein Wunder, ich glaube, es ging um das Glück …

Mir kam damals der Gedanke zu verweigern zum Glück nicht in den Sinn. Da mir der kirchliche, auch religiöse Hintergrund fehlte (im Gegenteil: Atheismus mit Eins abgeschlossen!), wäre das auf eine Totalkonfrontation mit dem System hinausgelaufen. Gewissenskonflikte hat man eher Christen zugebilligt, so als eine Art »geistliche« Behinderung. Bei einem Atheisten wie mir wäre das schwierig geworden. Dieses Minenfeld wollte ich nicht auch noch austesten: In klassischen Heldenrollen bin ich sowieso eine Fehlbesetzung.

Rechtsstaat, Zivilkleidung

Nadolny Was ich sagen wollte: Es gab einfach Rechte. Bis hin zur Kriegsdienstverweigerung, aber das Vorfeld ist auch wichtig. In jeder Armee macht man sich missliebig, wenn man aus der Reihe tanzt. Aber wenn sich dann auf Unteroffiziers- und Kameradenebene die Sache zuspitzt, wenn man terrorisiert wird, kann man sich immerhin beschweren oder etwa einen Beschwerdebrief an den Wehrbeauftragten schreiben. Es gab diesen Wehrbeauftragten, er war dem Parlament verpflichtet und nicht der Armeeführung. Man konnte sich beschweren, und das hatte Chancen. Eine Erinnerung: Als ich schon Leutnant war, Leutnant der Reserve zwar, aber normal eingesetzter Zugführer, da war einer meiner Soldaten ein sensibler Außenseiter, der von seinen Kameraden geschnitten, veräppelt, lächerlich gemacht wurde. Man behauptete, er sei schwul – keine Ahnung, ob er es wirklich war. Er war sehr durchgeistigt, sehr zart. Und das passte halt nicht zu der gesteigerten Primitivität, mit der die anderen diese Zeit zu überstehen versuchten. Irgendwann war der nun völlig verzweifelt. Aus dem konnte wirklich nichts werden in dem Laden. Ich habe sogar in meiner luftigen Höhe als Zugführer gemerkt, dass er nicht akzeptiert wurde, dass er ein unglückliches Leben hatte. Ich habe überlegt, wie zu helfen wäre, habe auch mal mit ihm und den Ausbildern geredet, aber ich konnte mich ja schlecht selber in der Stube aufpflanzen und dazwischengehen, wenn er gemobbt wurde. Irgendwann desertierte er, wurde gefasst und hat dann Antrag auf Wehrdienstverweigerung gestellt. Ich wurde dazu gehört, habe ihm, glaube ich, durch meine

Stellungnahme ein bisschen helfen können. Seine Verweigerung wurde anerkannt, er wurde fürs Abhauen bestraft, musste aber nicht mehr zurück zur Truppe, die für ihn die Hölle und wohl sogar Selbstmordgefahr bedeutet hätte. Und das ist diese Sache mit den Rechten. Wenn sie überhaupt vorhanden sind und wenn du ihre Geltung für deinen Fall beanspruchen kannst, möglicherweise sogar zutreffend, dann können fatale Situationen noch eine gute Wendung nehmen. Müssen nicht, aber können.

Sparschuh Wenn ich mich erinnere und auch wenn ich das Buch von Joerg Waehner lese: Jemand desertiert, das war das schlimmste Vergehen, das überhaupt passieren konnte. Der kam nach Schwedt in dieses Militärstrafbataillon, was ganz Furchtbares. Diese Knastzeit musste dann auch noch nachgedient werden. Und selbst unsere allerhärtesten Brocken wurden ganz kleinlaut, wenn nur der Name Schwedt fiel.

Nadolny Ich kenne ihn vom Hörensagen.

Sparschuh Zwischendurch mal eine praktische Frage – das gehört irgendwie inhaltlich zum Desertieren: Wie war das bei euch mit den Zivilklamotten? Wo sind die gewesen?

Nadolny Die Zivilklamotten waren im Spind und wurden angezogen, wenn wir die Kaserne verließen. Urlaub, nach Dienstschluss, Ausgang. Manchmal war man zum Alarmdrittel eingeteilt. Ein Drittel der Belegungsstärke musste dableiben, für den Fall, dass die Kameraden von drüben plötzlich frech werden. Damit also noch jemand in der Kaserne ist und das Licht ausmacht. Wenn wir da weggingen, da zogen wir selbstverständlich Zivilklamotten an, je nach Anlass. Bei einer Soirée freilich – ich weiß nicht, ob der Gute seinen Frack im Spind hatte, aber das Nötigste war da. Wer unbedingt in Uniform rauswollte, war auch daran nicht gehindert – aber erst, wenn er militärisch grüßen gelernt hatte.

Sparschuh Das ist der kleine, feine Unterschied. Bei uns wurden die Privatklamotten der Anderthalbjährigen in eine Postkiste gepackt und mussten nach Hause geschickt werden. Du wurdest also von deinen Zivilklamotten, deinem zivilen Vorleben vollständig getrennt. Das wurde alles erst mal für achtzehn Monate eingemottet. Und kurz vor der Entlassung, nach anderthalb Jahren, wurden in einer Postkiste die Sachen wieder in die Kaserne geschickt. In den Ausgang sind die Soldaten immer in Uniform gefahren. Immer gebrandmarkt und gezeichnet als jemand, der zur Fahne gehört. Selbst bei den Reservisten wurden die Zivilsachen streng von dir getrennt. Die waren in Quarantäne. Die Kleiderkammer war mindestens so stark gesichert wie die Waffenkammer. Denn dieses Zivile ermöglicht ja schon ein Untertauchen. Also Ausgang immer nur in Uniform, sodass sofort, hundert Meter gegen den Wind, zu sehen war, da kommt einer von der NVA.

Nadolny Es ist ja wahr. Im Grunde muss diese Freiheit jeder Diktatur unsympathisch sein. Wenn einer jeden Abend in Zivilkleidung die Kaserne verlassen kann, unauffällig in einer Kneipe sitzt oder mit einem Mädchen auf der Parkbank, dann könnte der ja Morgenluft wittern und demnächst noch mehr Freiheiten beanspruchen. Aber uns wurde Zivilkleidung gestattet, und ich glaube nicht, dass es irgendwann die Vorschrift gegeben hat, dass man nur in Uniform die Kaserne verlassen dürfe. Der Staatsbürger in Uniform hatte Teil des Volkes zu bleiben, und das ist man nun mal eher in Zivil.

Sparschuh Ich habe aber auch von dem Fall gehört, wie ein Bundeswehrrekrut, als er Urlaub hatte, bei sich zu Hause, sprich: im Hobbykeller eines niedersächsischen Reihenhäuschens, die Uniform anlegen musste, damit sein Vater ihn dann so fotografieren konnte.

Nadolny Zackig grüßend, nehme ich an, der Handrücken wurde vorher mit dem Lineal begradigt.

Sparschuh Und heute ist er ein hochrespektabler Lektor in einem führenden belletristischen Verlag.

Nadolny Ich kann nichts Schlimmes darin finden, wenn ein Lektor mal ordentlich grüßen gelernt hat. Eine Beeinträchtigung des literarischen Urteils fürchte ich da nicht. – In Uniform nach Hause gefahren bin ich übrigens auch mal, und es gibt wohl noch Fotos davon, wie ich meinem ersten Auto entsteige, es war eine Isetta und der Fotograf mein Vater, wer denn sonst.

Sparschuh Als ich dieses eine Mal in Uniform zu Hause vor der Tür stand, kriegte meine Frau einen Lachanfall. Ich musste erst kurz überlegen, war wohl für Sekundenbruchteile sogar – was völlig absurd ist – beleidigt, mir lag ja nichts daran, die Ehre der Armee zu verteidigen, dann aber begriff ich es: Klar, ich sah ja wirklich absolut bescheuert aus. Zum Beispiel ließ diese völlig überdimensionale NVA-Mütze den Kopf merklich schrumpfen, zumindest optisch. Weiß übrigens gar nicht, woher die Legende kommt, dass Frauen Männer in Uniform besonders attraktiv finden. Ich jedenfalls war ein überzeugendes Gegenbeispiel. Das sehe ich noch ganz deutlich vor mir.

Innen und außen

Nadolny Hast du in diesem Urlaub mit Freunden oder Außenstehenden über deinen Dienst geredet, ich meine, über dein Verhältnis dazu?

Sparschuh Nein. Wer mich ansah, der sah sowieso, was los war. Viel war da nicht zu sagen. Höchstens: Hoffentlich ist die Zeit bald um. Warum fragst du?

Nadolny Stimmt, es ist vielleicht eine komische Frage, wenn sie an einen NVA-Mann gerichtet wird. Wovon ich erzählen möchte, das ist unsere damalige Identifizierung oder Nichtidentifizierung mit der Bundeswehr und ihrem Auftrag.

Sparschuh Im Urlaub?

Nadolny Ja, denn da sprach man mit Leuten, die diese Frage stellten oder überhaupt Ansichten darüber hatten. Ehemalige Schulkameraden, die jetzt studierten, oder gebrannte Alte mit antimilitaristischen und linken Überzeugungen. Man hatte mit dem Zeitgeist zu tun, der zu schwenken begann, wir befanden uns ja schon fast in der Einflugschneise zu 1967/68. Da fühlte ich mich dann ein wenig verpflichtet, das Unternehmen Bundeswehr nebst Auftrag zur Verteidigung des Westens zu vertreten. Ich kann nicht sagen, dass ich mir dabei immer großartig vorgekommen bin. Speziell die Jugendfreunde, die jetzt »stud. phil.« oder »stud. rer. nat.« waren, gaben mir öfter das Gefühl, in einer zweifelhaften Sekte gelandet zu sein. Um mich zu verteidigen, spielte ich etwas mehr den Idealisten, als ich es tatsächlich war, und fragte etwa: »Seid ihr denn überhaupt bereit, euer Leben für eure Überzeugung einzusetzen?« Antwort etwa: »Klar, für die Wahrheit und die Wissenschaft. Ich gehe jeden Tag ins Labor, das kann in die Luft fliegen!« Womit ich gleich wieder etwas weniger Held und etwas mehr Depp war. Aber ich habe keinen Freund wegen dieser frühen Gockelparaden verloren. Es war noch nicht der volle Ernst.

Sparschuh Wenn ich als momentaner Uniformträger und Kurzurlauber meine Leute draußen gefragt hätte, ob sie nicht auch bereit seien, ihr Leben für ihre Überzeugung zu opfern, die hätten mir mit Sicherheit einen Vogel gezeigt. Oder sie hätten mich gefragt, ob die mich in der Kaserne jetzt zum Staatsbürgerkundelehrer umgepolt hätten. Außerdem, die meisten von meinen Freunden hatten ja ihren regulären Grundwehrdienst schon hinter sich. Was sollte ich denen groß erzählen. Eine andere Frage, doch die stellte sich nicht: Was wäre gewesen, wenn ich damals noch eine feuerfeste sozialistische Überzeugung gehabt hätte und dann, derart ausgestattet, mit der realsozialistischen Kasernenwirklichkeit konfrontiert worden wäre. Hätte, wäre – du merkst, hier betreten wir das Reich des Konjunktivs.

Nadolny Aber eines will ich mal sagen: Bei mir ist das reichlich lange her, über vierzig Jahre! Rechne mal nach: Das ist mehr als Erster Weltkrieg, Weimarer Republik, Nazizeit inklusive Zweiter Weltkrieg und dann auch noch die Besatzungszeit bis zur Gründung von DDR und Bundesrepublik zusammengenommen!

Sparschuh Man merkt, dass du gelernter Historiker bist. Das ist 'ne interessante Rechnung in puncto grauer Vergangenheit, die du hier aufmachst.

Nadolny Inzwischen hat sich die Bundeswehr zweifellos enorm gewandelt. Wenn ich von Schleiferei erzähle oder von Kasernenhofdrill, man nannte das vornehm »Formalausbildung«, dann ist das Musik von anno Tobak. Wie ich von Leuten höre, die sich auskennen, übrigens ehemalige Kameraden darunter, die bis ins vorgerückte Alter weiter Wehrübungen mitgemacht haben, hat sich die Bundeswehr versachlicht, starrt vor Technologie und Spezialistentum. Mit »In den Knien rührt euch« und zackigem Getue kann man in dieser Armee nichts mehr werden, man wäre schnell der Trottel vom Dienst. Die müssen die neueste Entwicklung kennen, und die Soldaten müssen immer weiter lernen. Das unterscheidet sich, glaube ich, sehr von dem, was ich noch erlebt habe.

Wehrpflicht oder Berufsarmee?

Sparschuh Man könnte natürlich die Frage stellen, die in letzter Zeit immer mal wieder gestellt wird: wenn das Militärische ein sehr spezialisiertes Handwerk ist und bei Auslandseinsätzen wahrscheinlich ohnehin in der Mehrzahl Berufssoldaten eingesetzt werden, ob man nicht überhaupt die Wehrpflicht abschaffen und die Bundeswehr auf eine Berufsarmee umstellen sollte?

Die historischen Erfahrungen sind da natürlich zwiespältig. Im Osten galt die allgemeine Wehrpflicht. Wenn ich aber auf unsere Traditionslinie sehe, den Volkssturm 1813, der rekrutierte sich aus der Bevölkerung und war befeuert vom Zorn gegen Napoleon. Da fanden sich die Männer bei den Waffen ein, und dann ging es los, das war eine Art freiwillige Wehrpflicht, eingezogen wurden die Männer nicht.

Wie auch immer: Heute wäre es vielleicht tatsächlich sinnvoller, eine qualifizierte Berufsarmee zu haben.

Nadolny Manches scheint dafür zu sprechen. Zum Beispiel, dass die allgemeine Wehrpflicht keine Gerechtigkeit verbürgt: Es müssen ja keineswegs alle zum Bund, und die, die es doch müssen, fühlen sich als die Dummen.

Sparschuh Ja, angeblich waren im April 2008 mehr als vierzig Prozent aller Gemusterten wehruntauglich. Fast unglaublich, oder? Die laufen doch nicht alle am Stock herum.

Nadolny Man hat wohl die Tauglichkeitskriterien hochgesetzt, weil man merkte, es gibt immer weniger Bedarf.

Sparschuh So kann man das natürlich auch lösen.

Nadolny Eine Berufsarmee andererseits kostet mehr Geld, Berufssoldaten können nicht mit einem lächerlichen Wehrsold abgespeist werden. Immerhin muss man heute vielleicht nicht mehr die ganz große Angst haben, die zu meiner Zeit sehr verbreitet war, nämlich dass eine deutsche Berufsarmee wieder ein Hort demokratiefeindlicher Politik sein würde. Damals gab es die berühmte Heye-Affäre. Admiral a. D. Heye, der Wehrbeauftragte, hat öffentlich gesagt, die Bundeswehr, und das war keine Berufsarmee, entwickle sich zu einem Staat im Staate. Was sie nicht tat, aber es war seine Befürchtung, und die saß damals noch in vielen Köpfen. Man dachte an Weimar und die Reichswehr und die ungute Rolle des Generals von Seeckt.

Diese Ängste müssen wir, glaube ich, nicht mehr in dem Maß haben und auch nicht vor einer nationalen Politik des Alleingangs – da ist Europa vor. Ich sehe übrigens auch nicht die Gefahr, dass es ohne Zwangsrekrutierung nicht mehr genügend Soldaten geben könnte. Die Technisierung macht die Armee ja ziemlich attraktiv, da gibt es Berufsausbildungen, an die man per Bundeswehr kommen kann. Der Zeitsoldat steht danach nicht ganz ohne Chancen da.

Sparschuh Andererseits macht die Aussicht auf Afghanistan-Einsätze die Bundeswehr auch nicht gerade attraktiv.

Nadolny Stimmt. Aber zurück zum Ausgangspunkt: Nein, ich fände es trotz allem falsch, wenn wir die Wehrpflicht abschaffen und eine Profitruppe fürs Grobe installieren würden. Die wäre wie ein Instrument, eine draußen bequem einsetzbare Waffe. Dagegen fallen Wehrpflichtige, deren Leben gefährdet ist, in einer Demokratie politisch sehr ins Gewicht, da überlegen sich Politiker jede Leichtfertigkeit zweimal. – Und noch eines: Gäbe es keine Wehrpflicht mehr, käme in der Literatur kein Wehrdiensterlebnis mehr vor. Gut, dieser Verlust ist vielleicht zu verschmerzen.

Sparschuh Sag das nicht! Das Vierteljahr, das ich dort zugebracht habe, und die anderen paar Sachen mit der Zivilverteidigung waren so intensive, so existenzielle Grunderfahrungen der Hilflosigkeit; ich verdanke diesem »Auf der Fresse liegen« ja etliche Buchseiten, auf die ich im Nachhinein ungern verzichten würde. Ich habe in Vorbereitung auf unser Gespräch überlegt, wo überall das Spuren hinterlassen hat. Da ist der »Schneemensch«, klar, aber auch »Kopfsprung« und »Eins zu eins«, selbst im »Großen Coup« – die Stelle, wo Eckermann im Keller sitzt und Stiefel zählt, die ist zu hundert Prozent dem Leben abgelauscht. Soldat sein ist offenbar ein Extremkontakt mit der Wirklichkeit, den man sich, wenn man eine Berufsarmee hat, leicht ersparen kann. Aber dann schaut man auch der Welt nicht so direkt ins entsetzliche Antlitz.

Nadolny Etliche Buchseiten verdankst du also der Tatsache, dass du da der anderen, unteren Welt ins Auge geschaut hast. Ist bei mir natürlich auch so, auch ich verdanke einige Buchseiten dem zweifelhaften Glück, die Welt von Befehl und Gehorsam erlebt zu haben. Aber viel mehr verdanke ich der Tatsache, dass ich überhaupt mit Arbeitern, Handwerkersöhnen, Bauern auf Stube gelegen und mir da einen gewissen Dünkel abgewöhnt habe, insbesondere den, der mit verbaler Fähigkeit verbunden ist. Das ist ja eine Krankheit, die einen Intellektuellen in spe oft heftig befällt, und er merkt's nicht. Da wurde ich schon ein bisschen geheilt und kriegte mit, dass da manchmal bei dem Schlosser oder bei dem Lagerarbeiter eine Art von Orientierung und Lebensklugheit war, von der ich weit entfernt war. Aber das nur nebenbei eingeschoben. Und es spricht auch, ein bisschen wenigstens, gegen die Abschaffung der Wehrpflicht.

Gemeinschaft

Nadolny Der Begriff »Gemeinschaft« erregt bei manchen immer noch Brechreiz, nachdem die Nazis ihn im Mund geführt haben. Und das, was er im Guten bedeuten kann, schaut man sich eher im Fernsehen an, da gibt es so Serien dafür.

Sparschuh Gemeinschaft an sich ist ja kein Hirngespinst.

Nadolny Habe ich doch gar nicht behauptet. Aber ich bin da ein bisschen vorbelastet. Schon im Sozialkundeunterricht, in den Fünfzigerjahren, wurden wir mit der Unterscheidung »Gesellschaft oder Gemeinschaft« traktiert, wobei die Gesellschaft natürlich dank begrifflicher Nähe zu Sozialismus oder Aktiengesellschaft etwas Zweifelhaftes oder mindestens kühl Neutrales war, die Gemeinschaft aber das Wünschenswerte, das die Menschen Erfüllende, Wärmende. Da geisterte aber noch die »Volksgemeinschaft« mit, die alte Lüge.

Sparschuh Bemerkenswert, dieser Brückenschlag: von der Aktiengesellschaft zur sozialistischen Gesellschaft. Ich weiß gar nicht, ob wir da auch eine beschränkte Haftung oder so was hatten. Aktionärsversammlung hatten wir jedenfalls keine; das wüsste ich. Aber mal im Ernst: Funktioniert hat es mit dieser Gemeinschaftsidee in unserer Gesellschaft nur sehr bedingt. Nun kann man ja nicht ewig das alte Lied jammern: Die Idee an sich, die war ja nicht schlecht, aber die Umsetzung … Wenn so etwas regelmäßig mit Stalin, Pol Pot, Ceauşescu oder Nordkorea endet, hört der Spaß auf, und es sollte einem irgendwann mal der leise Verdacht kommen: An der Idee selbst ist was faul. Aber liegt es an der Natur des Menschen? Zur Erklärung könnte vielleicht die Orwell'sche Formel dienen, die damals, so erinnere ich mich, in der DDR im Umlauf war: »Bei uns sind alle gleich. Und manche sind sogar noch ein bisschen gleicher.«

Nadolny Ob das nur für Diktaturen gilt? Ich glaube, das ist politisches Einmaleins: Alle sollen brüderlich an einem Strang ziehen, und zwar bitte für mich, damit ich, der sie als der ihnen Gleichste repräsentiert, in ihrem Namen an der Macht bleibe. In Demokratien gibt es das auch, aber mit starken Absicherungen: freie Wahlen, Rechtsprechung. Einigung ist also angesagt, nicht Diktat. Aber das kostet auch seinen Preis, es hapert mit der großen Linie, mit der Verwirklichung von Visionen, die vielleicht nicht von jedermann sofort verstanden werden.

Sparschuh Vielleicht ist genau das der grundsätzliche Defekt in unserm Gesellschaftsspiel. Was, aufs Ganze und auf die Zukunft hin gesehen, natürlich bedauerlich ist. Es gibt ein bedenkliches Dilemma. Einerseits sind die meisten Probleme, vor denen wir heute stehen, nur noch kooperativ, gemeinschaftlich und eben nicht in Konkurrenz zueinander zu lösen. Andererseits ergibt sich aus der bloßen Summe der Partikularinteressen, Rücksichtnahmen und Kompromisse noch lange nicht, dass etwas Menschheitsrettendes nun auch wirklich gemeinsam durchgesetzt wird. So entstand wohl, nebenbei gesagt, auch der Traum von einer »guten Diktatur«, die die Einzelinteressen irgendwie unter einen Hut bringt.

Aber davon mal abgesehen: Wenn wir zurückblicken, zeigt die Geschichte aller bisherigen kollektiven Weltbeglückungsprojekte doch nur: Wer das Paradies auf Erden errichten will, hat meistens den Bauplan für ein Gefängnis in der Tasche; anders kriegt man das mit dem irdischen Paradies wohl nicht hin.

Jenseits der Armee konnte man sich – ungetrübt von Erfahrungen – natürlich so seine simplen Gedanken über Gott und die Welt und die sozialistische Gemeinschaft machen. Aber dort, in der Kaserne, lagen wir eben alle auf einer Stube, auf einem Haufen: Hilfsarbeiter, Kraftfahrer, Bauern und ein paar, mehr oder weniger, Studierte. Statt »sozialistischer Menschengemeinschaft« würde mir da eher »Wallensteins Lager« für unsern wilden Haufen einfallen.

Nach eurer »Gemeinschaft« will ich dich jetzt gar nicht

dezidiert fragen, aber ging es bei euch in der Bundeswehr nicht wenigstens ein klein wenig »zivilisierter« zu?

Nadolny Zivilisierter? Das ist im Zusammenhang mit Militär eine sehr gute Frage. Interessant ist doch, dass man von einer Zivilgesellschaft spricht, aber bestimmt nicht von einer Zivilgemeinschaft. Habe ich jedenfalls noch nicht gehört. Vielleicht muss man «Gemeinschaft« inklusive Gemeinschaftsgefühl mehr bei der Urhorde ansiedeln als beim Gesellschaftsvertrag oder beim Grundgesetz, wo ja zum Beispiel die Rechte des Einzelnen und die Tolerierung Andersdenkender eine Rolle spielen.

Sparschuh Schön, und wie war das bei euch auf der Stube, im Zug, in der Kompanie?

Nadolny Darüber wollte ich gerade sprechen. Dieses Wir-Gefühl fängt in der Stube an, irgendwie kommt man rasch auf die Idee, die Leute in der Nachbarstube seien eigentlich die Blöderen oder Schwächeren. Ähnlich das Verhältnis vom dritten Zug zum zweiten. Das Zusammengehörigkeitsgefühl stellte sich ja tatsächlich ein, wenn man zusammen einiges durchgemacht hatte, und auch, wenn man einander mühsam eine Weile hat aushalten müssen. Aber es war immer auch ein Gefühl »gegen außen«, gegen nicht dazugehörige andere. Es äußerte sich in der Regel nur in Form von Flachserei und mildem Spott, nicht bösartig. Da kann man von zivilisiert sprechen. Aber im Grunde ist das Gemeinschaftsgefühl immer auch so ein Flämmchen, aus dem im unglücklichen Fall ein Schadenfeuer entstehen kann. Hast du den Film »Die Welle« gesehen, von Dennis Gansel?

Sparschuh Leider nicht.

Nadolny Da hat ein Sozialkundelehrer, um seinen Schülern zu zeigen, was Diktatur ist, sozusagen die Konstanten eines autoritären Systems mit ihnen hergestellt: Disziplin, alle tragen dieselbe Kleidung, ein besonderer Gruß nur für die, die dazugehören, unbedingtes Füreinander-Einstehen, unsere Gruppe »über alles, über alles in der Welt« sozusagen. Das erweist sich als erstaunlich attraktiv, die jungen Leute fahren völlig darauf ab. Jeder hat das Gefühl: Das habe ich schon immer ersehnt und gebraucht. Und jetzt kommt das Tragische: Einige brauchen es mehr als andere, sie sind dann die, die am aggressivsten gegen Andersdenkende sind, irgendwann ist da eine Pistole. Eine schreckliche Geschichte, unglaublich lehrreich, man wird bescheiden in jeder Hinsicht, besonders als arroganter Gutmensch: »Kann mir nicht passieren.« Denkste!

Sparschuh Was mir so alles passieren könnte, o ja, in dieser Frage bin ich inzwischen auch sehr, sehr bescheiden geworden. Aber gegen ein Gemeinschaftsgefühl bei der NVA, nehmen wir mal an, es hat bestanden – so tief steckte ich ja doch nicht drin –, muss ich offenbar ziemlich resistent gewesen sein. Ich glaube auch, dass du den Bogen, entschuldige bitte, etwas überspannst. Ich kann durchaus, punktuell, ein Wir-Gefühl als beglückend empfinden, ich denke da an 1989. Obwohl mir bei der großen November-Demonstration auf dem Alex zwischen den vielen großen Schildern »Wir sind das Volk« am meisten ein ganz kleines imponiert hat: »... und ich bin Volker!« Das hatte so ein kleiner tapferer Brillenträger umgeschnallt. Mit dem hätte ich mich doch glatt verbrüdern können, zur Not auch gegen das ganze übrige Volk.

Nadolny Das kann ich mir vorstellen. Aber noch mal mein Hinweis auf diesen Film »Die Welle«. Die Geschichte ist übrigens wirklich passiert, in Amerika, das Experiment konnte nur noch mit größter Mühe abgebrochen werden. Da bleiben gewiss einige wählerisch, ob sie sich mit dieser geistig eher armen Gemeinschaft identifizieren wollen oder nicht. Aber andere springen darauf an, als ob man einen Anlasser gedrückt hat, weil sie »das« eben so sehr brauchen, die leben längst auf der Schunkelebene. Bei denen weiß man nicht, wohin die Reise noch geht. Und ohne deinen Beobachtungen zu widersprechen: Diesen Effekt muss es bei der NVA auch gegeben haben. Hundertzehnprozentige, die rücksichtslos die Regeln erfüllen, gibt es doch überall.

Sparschuh Da müsste ich wohl – oder vielmehr: übel! – noch mal hin, um das genau zu überprüfen und deine Frage beantworten zu können. Geht ja nun nicht mehr.

Das Verschwinden der Nationalen Volksarmee

Nadolny Das wüsste ich übrigens gern, wie für die NVA-Soldaten die Umstellung auf die Bundeswehr gewesen ist, also für die Längergedienten vor allem. Plötzlich in der Armee des alten Klassenfeindes zu sein ... hat es da nicht doch ein bisschen geknirscht?

Sparschuh Kaum, glaube ich. Wir sprachen ja kurz über das Thema »absurde Befehle«. Da gab es dann wahrscheinlich auch so einen Befehl. Ich habe mal ein Radiofeature von Helmut Kopetzky gehört, »Hochzeit mit dem Feind«. Er hat darüber berichtet und mit vielen O-Tönen dokumentiert, wie die Vereinigung von Bundeswehr und NVA verlaufen ist. Was ich erstaunlich finde: Das muss im Unterschied zu allen möglichen anderen Vereinen, dem PEN etwa, ziemlich problemlos vonstatten gegangen sein. Geradezu militärisch geordnet. Irgendwie muss es also doch Invarianten geben, die es den beiden Raufbolden von gestern ermöglicht haben, so relativ unbeschadet unter ein Dach zu kommen.

Nadolny Ich kann mir das, ehrlich gesagt, nur unter der Voraussetzung vorstellen, dass die NVA-Seite völlig aufgegeben hat. Die waren wohl zum größten Teil froh, übernommen zu werden und sich in einem ähnlichen Laden unter ein bisschen anderen Vorzeichen neu zu erfinden. Ich kann mir aber auch vorstellen, dass Leute, die eine sozialistische Überzeugung hatten, stramm oder nicht, sich jetzt nur noch eher leise geäußert haben. Vor allen Dingen glaube ich nicht, dass diese sozialistische Überzeugung sie gehindert hat, sich in die Bundeswehr einzuklinken und sich anzupassen. Beim Militär unterscheidet sich dann doch nicht so vieles, meine alte These. Möglicherweise hielten die dann den »Staatsbürger in Uniform« für genauso affig wie das Bisherige. Aber das stört ja nicht »das Dienstliche«. Ich kann mir also schon vorstellen, dass es ohne Probleme, jedenfalls ohne offene Konflikte, vor sich gegangen ist.

Sparschuh Auch in dem Sinne, dass es eine Übernahme der NVA in die Strukturen der Bundeswehr gab und so schrecklich viel von der NVA da auch nicht übrig geblieben ist. Gott sei Dank, würde ich mal leise sagen.

Nadolny Das kannst du ruhig laut sagen.

Zwischenlektüre

Jens Sparschuh
Puzzle
Ein Linguagramm

Stört es Sie, wenn ich ... Darf ich? Danke. Darf ich ja eigentlich nicht. War jetzt lange krank. Heute zum ersten Mal wieder im Dienst. Umso mehr ... schön, dass das jetzt gleich geklappt hat. Sie haben *(inhaliert tief)*, nehme ich mal an *(pustet den Rauch aus)*, sich vielleicht ein bisschen gewundert? Wenn wir irgendwo anrufen, da denkt ja jeder gleich sonst was: »Nanu, hab ich was verbrochen?« Aber da machen wir uns jetzt mal gar keine Gedanken drüber, ja, das ... das ist hier einfach mal nur ein Gespräch, dass man sich mal ein bisschen persönlich und so weiter beschnuppert. Einfach mal ein bisschen unterhalten, nichts weiter. Ganz ungestört. – Kaffee, Kekse? Da, bitte. – Nun werden Sie natürlich trotzdem denken: »Ganz ohne Grund ... au Backe – wat hab ick ausjefressen, wat wollen die bloß von mir?!« *(Lacht)* Nichts. Wie schon gesagt: erst mal gar nix. Tja, hm. Wie fangen wir beide das jetzt mal am schlauesten an? Na, ich fang mal so an – kleiner Vorspruch muss schon sein: Dass in unserer Republik noch nicht alles so ist, wie wir es uns – und Sie doch hoffentlich auch? – wünschen, das ist ein offenes Geheimnis. Darüber, denke ich, brauchen wir hier nicht zu diskutieren. Mal fehlen Ersatzteile – ich renne ja auch dauernd rum wie ein Bekloppter und ärgere mich die Platze, gerade jetzt wieder. Dort funktioniert eine Heizung nicht. Woanders wieder funktioniert sie so, dass bei zwölf Grad minus die Leute die Fenster aufreißen müssen, weil es zu heiß ist. Hab ich gerade einen Bericht zu gelesen, speziell zu diesem Fall jetzt, ist noch ganz frisch, hat mich richtig aufgewühlt. Im Januar war das. Sehen Sie: So was bewegt mich ganz, ganz lange. Da machen wir eine Braunkohlenschlacht – so steht's ja in der Zeitung –, unsere Kumpel, rund um die Uhr, und woanders verballern die das in die Luft, bloß weil so ein blödes Ventil fehlt. Muss man sich mal vorstellen. Und guckt man ins ND – Fehlmeldung. Nischt. Da läuft ja alles immer wie geschmiert. Was die da so zusammenschreiben in unserer Presse, na … das steht auf einem andern Blatt. *(Beugt sich nach vorn)* Kennen Sie den: Wissen Sie, was im ND nicht gelogen ist? – Na? – Der Wetterbericht! *(Lacht wie über einen Witz)* Und selbst der, selbst der, da hab ich manchmal so meine kleinen Zweifel. Tja, also – ein Hundertfuffzichprozentiger, das haben Sie jetzt sicher schon mitgekriegt, bin ich nicht. Ich geig meinen Genossen, wenn es sein muss, auch schon ganz schön mal die Meinung. Aber geht Ihnen das nicht auch so – manchmal fragt man sich doch: Was ist da los? Natürlich kann man sagen: Dummheit, Schlamperei. Aber ist das wirklich alles? Ist diese Dummheit nicht manchmal beinahe schon … Verstehen Sie, worauf ich hinauswill? Ich sag Ihnen das mal klipp und klar: Jawohl, ich hab manchmal den Eindruck, dass der Gegner ganz schön kräftig bei uns mitmischt. Hab ich den Eindruck, ja. Der Gegner lässt ja nichts unversucht. Gerade gegenwärtig, Stichwort: Jahrestag. Da entfacht er ja wieder … ich sage nur: zügellose Hetzkampagne. Aber ich will Ihnen jetzt nicht Sachen aufwärmen, die Ihnen längst bekannt sein dürften. Man muss ja nur mal ins Westfernsehen gucken, da sieht man es ja. Also, damit das klar ist: Ich guck auch Westfernsehen, na, und ob. Wir müssen doch die Argumente des Gegners kennen, nicht wahr? Sonst können wir die ja nicht widerlegen. Ganz klar. Das machen wir oft falsch. Wir tun so, als gäbe es das gar nicht. Und dann sind wir im Nachtrab, und der Gegner nutzt das natürlich systematisch aus, systematisch. Wenn ich der Gegner wäre, ich würde das genauso machen. Unsere Dummheit manchmal – nee! Nun sehen das zwar schon viele Bürger, aber mal ehrlich, mal Hand aufs Herz: Wer ist schon bereit, auch was dafür zu tun, dass es bei uns vorangeht, dass der Gegner in seine Schranken und so weiter. Dabei müsste doch jeder auf seinem Platz, ja? So gesehen, ich sage immer: Der Bäcker backt Brötchen, und wir von »Horch & Guck« – hab ich neulich gehört, find ich 'n hübschen Ausdruck, wie finden Sie 'n das, ist doch hübsch, nicht? –, wir von »Horch & Guck«, wir passen also auf, dass der das auch in Ruhe und so weiter machen kann, der Bäcker, verstehen Sie? Wir backen, so gesehen, auch Brötchen, ein bisschen größere vielleicht, aber im Grunde genommen, im Grunde: kein Unterschied, gar keiner. Manchmal aber, da höre ich Sachen über uns, also, da muss ich richtig laut lachen, richtig laut: Stasi, die haben doch alles, Villen und so, Volvos … Ich fahr übrigens Lada, bin ich sehr zufrieden mit. Möchte auch gar nicht so einen Riesenschlitten haben, Peugeot oder was es da so gibt – gar nicht. Haben Sie 'ne Anmeldung? Ach so, Sie haben einen Gebrauchten … Ja, steht ja hier: gebrauchter Trabant 601. Aber immerhin: de luxe. *(Lacht)* Sehen Sie, war ich jetzt gar nicht so 100 % unterrichtet, aber hier steht ja alles. Wer so eine – ich sage immer – »Renommierkutsche« aus dem Westen braucht, der wird es wohl auch nötig haben, sag ich immer. Auto ist Gebrauchsgegenstand und mehr, bitte schön, auch nicht. Aber damit wir uns hier nicht falsch verstehen, ich habe nichts dagegen, wenn jemand so was will. Wenn mir jemand sagt: Ich brauch so 'n großes Auto, bitte, dann ist es auch gut, und dann kann man so was auch irgendwie beschaffen. *(Lacht gemütlich)* Hab übrigens auch lange 'ne Rennpappe gehabt, so wie Sie, aber klar doch, feste, was denn. Hellblau! Der Trabbi, das ist 'n ganz, ganz tapferes Auto. Haben wir schöne Touren mit gemacht, bis in die Hohe Tatra. Hat uns nie im Stich gelassen, die ganzen Jahre nicht, der Trabbi. Aber jetzt, wo die Kinder größer sind ... *(Blättert in Unterlagen)* Neulich, erinnern Sie sich, da sind Sie doch, in Erkner war das, in eine Verkehrkontrolle geraten. Bisschen zu schnell gefahren innerorts. So was passiert ja. Sie haben da aber so einen gelben, so einen sehr gut sichtbaren gelben Aufkleber am Armaturenbrett. Ist wohl, wenn ich das richtig einschätze, Motto vom Kirchentag gewesen: »Vertrauen wagen«. Gut, Geschmackssache. Mein Geschmack, können Sie sich vielleicht denken, eher nicht. Sie kennen ja unser Motto: Vertrauen ist gut, Kontrolle ist besser. Aber: meinetwegen. Nur, wissen Sie was? Der Genosse von der Verkehrspolizei in Erkner, wenn ich seinen Bericht hier richtig entziffern kann, der hat das irgendwie in den falschen Hals gekriegt. Der hat gemeint, der Aufkleber bezieht sich jetzt, also in provokatorischer Absicht bezieht der sich auf ... na? ... auf den ... Trabant 601! – »Vertrauen wagen«. Ja!!! Komisch, nicht? Da sehen Sie mal, wie schnell so was geht, dass was ganz falsch ankommen kann. Man denkt sich nichts und: plötzlich. Plötzlich! So schnell kann man gar nicht denken. So.

Also, Auto haben wir jetzt durch, nächster Punkt: Wohnung! Was Ihre Wohnraumsituation betrifft, da müssten Sie mir mal auf die Sprünge, da bin ich jetzt nicht so … *(lacht)* … wir wissen ja auch nicht alles! Ich bin jetzt nicht mal informiert, ob Sie einen Wohnungsantrag laufen haben. Haben Sie? Gut. Sehr gut. Verstehen Sie mich da nicht falsch, mal ganz unabhängig von unserm Gespräch hier, mal ganz unabhängig: Was Wohnung angeht, das ist ja ein verdammt heißes Eisen. Da könnte ich Ihnen unter Umständen, wenn das nötig ist, sogar helfen. Ich meine, das ist doch ganz normal oder sollte es wenigstens sein, dass Sie da nicht zu dritt, also mit Kleinkind, wie im Karnickelstall und so weiter, nicht wahr. Das wäre ja nun wirklich nur nach Recht und Ordnung, finde ich, selbst wenn wir da 'n bisschen tricksen müssten. Das würde ich voll auf meine Kappe nehmen. *(Stöhnt leise auf)* Au Mann, ich weiß noch, wie das ist, wenn's in der Wohnstube immer aussieht wie bei Hempels unterm Sofa. Warmwasser aus der Wand, das sollte schon sein. Und wenn ich so sehe, was manche unserer Herrschaften Künstler, Handwerker und so, was die in unserm Arbeiter-und-Bauern-Staat – das wollen wir ja mal nicht vergessen, immer noch: Arbeiter-und-Bauern-Staat, ja –, was die da so für Paläste haben. Und dann noch 'ne Datsche an der Ostsee und und und. Also, ich fänd das ganz normal, wenn Sie jetzt sagen würden, also ich sag mal: »Genossen … – oder, meinetwegen, in Ihrem Fall ja: Kollegen –, hört mal her, unterstützt mich in meiner Wohnungssache, das ist jetzt mal ganz wichtig, da komme ich alleine nicht weiter, da steht irgendein Armleuchter, ein Querkopp, aufm Schlauch – macht dem mal Dampf!« Da hätte ich voll Verständnis für, und ich denke, da könnten wir auch durchaus und so weiter… Ich meine, das wissen

Sie auch: Wir sind keine Zauberer, aber in so einem Fall, wie Sie einer sind – durchaus. Bisschen Einfluss, bisschen haben wir ja doch noch, wär ja gelacht. *(Lacht, plötzlich ernst und leise)* Es kommt immer darauf an, die Mittel, die man hat, effektiv, verstehen Sie, effektiv, das heißt: für die richtige Sache … In dem Sinne. Soweit ich mit Ihrem Lebenslauf vertraut bin, Ihrer bisherigen Entwicklung und so weiter, ich möchte mal sagen: na ja. Folgerichtiger Entwicklungsweg, doch, alles in allem, ja. Natürlich, hier und da mal Rückschläge, aber … Aber – und darauf will ich hinaus: Meinen Sie nicht, dass Sie … ich sage mal: ein Stück mehr Verantwortung, auch ein bisschen mehr, ja, nennen wir es ruhig: Vertrauen. *(Lacht)* Beinahe hätte ich jetzt gesagt: »Vertrauen wagen«, stellen Sie sich mal vor, was meine Genossen da sagen würden. Horst!, würden die sagen, Horst!!! Aber das nur nebenbei. Nun fragen Sie sich natürlich: Was kann ich den Genossen schon groß helfen? Bin ja doch man bloß ein kleines Licht. Irrtum, mein Lieber. Irr-tum! Kommen Sie mir bitte nicht so. Das gibt es schon mal gar nicht: kleines Licht. Könnte ich Ihnen viel dazu erzählen. Ich gebe hier ja nur mal Denkanstöße, ja. Natürlich, und ich verkürze das jetzt mal stark, wo einer mehr Verantwortung hat, mehr Arbeit, auch nach Feierabend meinetwegen, muss er am Monatsende, bitte schön, auch mehr in der Lohntüte haben, klar. Das ist in jedem guten Betrieb so. Leistungsprinzip. Ich meine, da wird oft gesündigt bei uns, machen wir uns nichts vor. Oft kriegen doch die das meiste, die abducken und nicht Maff und nicht Meff sagen. Und die guten Genossen, oder mal allgemeiner: unsere guten Bürger, ich weiß ja, dass Sie nicht Genosse sind, müssen Sie auch gar nicht, oft nützt es uns ja viel mehr, wenn wir Bürger gewinnen, dass die mit uns an einem Strang ziehen, die nicht in unserer Partei sind, also ... Wo war ich stehen geblieben? Ist ja egal jetzt. Jedenfalls, verstehen Sie, was ich damit sagen will? Mal ganz allgemein gesprochen: Wir müssen wissen, wo es hakt. Das ist das A und O. Na, ich will Ihnen hier gar keine Grundsatzvorträge und so weiter, ich meine nur, eines ist doch klar, ich sage immer so: Die eigentliche Oppositionskraft in unserer Republik, das sind wir. Wir sehen das Leben so, wie es wirklich ist, und das ist – leider, muss ich hier sagen, leider – nicht immer so schön, wie wir uns das gerne vorstellen. Aber das ist unsere Stärke. »Schild und Schwert der Partei« ... können Sie vergessen, das können wir mal ganz schnell zu den Akten, ja. Wir rennen doch nicht mit Schild und Schwert in der Gegend rum, auch nicht im übertragenen Sinne. *(Lacht)* Das wär ja, eine Katastrophe wäre das. – Aber Spaß beiseite: Worum geht es? Es geht um ... ich spinne jetzt einfach mal, ja. Da spricht Sie jemand an: *(beugt sich nach vorn, konspirativ)* Du, horch mal her, wir haben da jetzt so einen Klub gegründet. *(Lehnt sich zurück)* »Umwelt«, sag ich jetzt mal. Oder »Menschenrechte«. Ist ja egal. Was in dieser Richtung jedenfalls. Erst mal hört sich das ganz interessant an. Umwelt, zum Beispiel, haben Sie vielleicht auch gerade was zu gehört. Da gibt's ja immer mal was. Aber dann merken Sie allmählich: Stop, da wollen welche was aufziehen, hier läuft was, vielleicht sogar gegen unsern Staat. Was machen Sie? Ich hoffe, denn Sie sind ja nicht auf den Kopf gefallen, Sie denken: Da spielt sich nischt ab, nicht mit mir. So weit gut, das ist ja so weit auch erst mal ganz richtig. Aber ich spinne jetzt mal weiter, passen Sie auf: Nehmen wir mal an, das ist ein guter Bekannter, vielleicht sogar ein Freund von Ihnen. Sie kennen sich vom Sport, ja, vom Sport. Ich wähle jetzt einfach mal das Beispiel Sport. Es könnte auch was anderes sein, Kunst, Kultur zum Beispiel, aber das ist nicht so meine Strecke. Angenommen also mal: Sport. Deswegen machen Sie nun da noch lange nicht mit, das ist klar. Aber jetzt mal ehrlich: Ist es da gut, die Leute so was machen zu lassen? Wäre es nicht besser, wenn man … Gut, nehmen wir mal an, Sie wollen ihm das ausreden. Aber Sie merken plötzlich: Der Sportsfreund ist ja völlig verbohrt. Da ist ja schon 'ne fixe Idee bei ihm. Erleben wir übrigens oft. Plötzlich haben sich da welche was in den Kopf gesetzt, und es ist kein Rankommen mehr an die. Wie gegen eine Wand. Da sehen die dann nur noch, na, ich sag jetzt mal: Umwelt. Überall Umwelt, verstehen Sie? Dabei, also da wissen wir noch ganz andere Sachen, was in der Umwelt so alles los ist, aber das lassen wir mal beiseite jetzt. Was nun in so einem Fall? Ich frage jetzt mal weiter, ich provoziere jetzt mal ganz bewusst: Können Sie ruhig schlafen, wenn Sie wissen, Ihr Freund macht was gegen uns, gegen den Staat und, ich meine, das ist doch klar, im Endeffekt natürlich auch gegen sich selbst? Ihr Freund – gegen sich selbst! Angenommen, Ihr Freund ist nun so verbohrt, dass er sich zu Taten, ja, also, dass er sich tatsächlich zu Taten hinreißen lässt. Von einem bestimmten Punkt an, das ist ja klar, wird das gesteuert, der Gegner lässt ja nichts unversucht. Dass er also politisch zum Instrument des Gegners wird. Er will es selber vielleicht nicht, hat immer noch »Umwelt«, »Menschenrechte« und so weiter im Kopf, das interessiert den Gegner natürlich einen Dreck. Der will aufbrechen, den Sozialismus, von innen aufrollen, das ist sein Ziel … der Gegner, nicht Ihr Freund, der ahnt noch immer nicht, wohin die Reise geht. Das glauben Sie nicht, wie sehr da manche verbohrt sind.

Stellen sich hin und sagen: Guckt euch das an im Westen, das ist Freiheit – die berichten darüber, dass der Rhein verdreckt ist. Dass das mit den Berichten aber nur ein Feigenblatt ist, das können Sie denen nicht erzählen, da stellen die einfach auf Durchzug. Tja – und das Ende vom Lied: Dann kommt eines Tages der Tag, wo wir uns mit Ihrem Freund beschäftigen, beschäftigen müssen. Weil es feindlich-negativ ist und staatsfeindlich, was er da aufzieht und unser Staat, unsere Sicherheit ... na ja, Staatssicherheit, alles klar. Das ist jetzt, gebe ich zu, ein ganz schwieriger Fall, ganz, ganz schwierig. Da möchte ich nicht in Ihrer Haut stecken in so einem Fall. *(Schweigt lange)* Wäre es da nicht, in unserm konstruierten Fall, besser gewesen, Sie hätten Kontakt gehabt zu uns und gesagt: »Hört mal her, der und der, ich leg meine Hand für ihn ins Feuer, ich kenn ihn ja vom Sport, aber der hat sich da in was verrannt – bevor es zu spät ist, kümmert euch mal um den, bevor da was anbrennt.« Meistens aber – und das tut mir dann innerlich richtig weh! – landen die Sachen auf meinem Schreibtisch, wenn alles schon zu spät ist: Westpresse, bundesdeutsche Vertretung und und und. Deswegen, ich kann ja nur appellieren: Redet mit uns! Bevor das Ganze »ein Fall« ist. Warum erzähle ich Ihnen das alles? Ich erzähle Ihnen das, weil: Wir dürfen den Gegner nicht unterschätzen. Der ist raffinierter, als wir denken. Das glauben Sie nicht! Da sind wir Waisenknaben dagegen. Und mit Vorliebe spannt er Gutwillige vor seinen Karren. Ich will da jetzt nichts beschönigen, es gibt da auch einige ganz schön ausgebuffte Hunde bei uns, die ihm bewusst in die Hand und so weiter, aber, leider, leider, gibt es auch viele Gutwillige, die ins Fahrwasser geraten. Mal zurück zu Ihrem Freund. Ich verwende immer folgendes Beispiel: Wenn man sich da raushält, in so einem Fall, das ist wie Fahrerflucht, unterlassene Hilfeleistung, verstehen Sie? Man sieht: Hier ist was passiert, hier stimmt was nicht – und man kümmert sich nicht drum. Daran krankt unser ganzer Sozialismus, wenn Sie mich fragen: Wenn jeder ein bisschen mehr, ich sage mal: ein bisschen mehr Offenheit, ja? Wenn Sie wüssten, wie viele Experten hier schon auf dem Stuhl gesessen haben, wo Sie jetzt … *(mit verstellter Stimme)*: »Ich hab doch nichts gemacht!« Und wissen Sie, was ich denen da antworte? »Das ist es ja, was wir Ihnen vorwerfen müssen – dass Sie n-i-c-h-t-s gemacht haben.« Oder sehen Sie das anders? *(Räuspert sich)* Natürlich, wir wissen auch, dass einige aus Ihrem Freundeskreis in den Westen sind. Keine schöne Geschichte. Lassen alles hier im Stich und schicken Ihnen dann womöglich noch 'ne Ansichtskarte, aus Paris zum Beispiel. Wie sagt man so schön: zum Schaden noch den Spott. Und dann schreibt man vielleicht doch mal einen Brief zurück, ohne das groß zu melden … Verstehen Sie, was ich meine? Verstehen Sie das? Ein nicht gemeldeter Westkontakt, bei Ihrer Stellung an der Uni, das könnte richtig kitzelig werden … Ach, Sie sind nicht mehr an der Uni. Stimmt, steht ja hier. Kitzelig könnte es trotzdem werden, wenn Sie verstehen, was ich meine, in jedem Fall. *(Schweigt längere Zeit)* Dass es auch bei uns himmelschreiende Ungerechtigkeiten gibt, das brauche ich Ihnen ja nicht zu erzählen. Vielleicht, ich spinne mal wieder, brauchen Sie für Ihre Arbeit ein ganz bestimmtes Buch, gar nichts Politisches, nee, aber das Buch, das ist nun ausgerechnet im Westen erschienen. Und Sie kommen und kommen da einfach nicht ran. Ihr Freund will es Ihnen aus dem Westen schicken, aber es kommt nicht durch. So was ist Ihnen doch neulich passiert, oder? – Ja?! *(Schlägt mit der flachen Hand auf den Tisch, lacht triumphierend)* Ist doch unglaublich! Sehen Sie, man braucht ja nur mal was anzutippen. Ich brauche hier doch gar keine Fälle zu konstruieren – so etwas gibt es! Ich laufe immer Sturm bei so was. Meine Genossen sagen: Du spinnst! Aber sehen Sie, wenn Sie mir jetzt so einen Fall bestätigen, das stärkt mir den Rücken, das zeigt doch: An der Sache ist was dran. Mit so was, sag ich immer, vergraulen wir doch nur unsere Mitmenschen. Da brauchen wir uns dann nicht zu wundern. Na, ich hab das jetzt innerlich mal aufgenommen. Alles diese Eigentore, die wir schießen, immer, immer wieder. Bloß weil keiner mit uns redet. *(Schweigt lange)* Ich höre immer: Die Leute haben Angst vor uns. Ach nee. *(Gemütlich)* Neulich, da hatte mein Bengel in der Mathearbeit 'ne 4. Hat er nicht geübt gehabt. Na ja. Wollte er aber nicht raus damit; ich aber gleich gemerkt: Da ist was faul, oberfaul. Ist ja nicht so, dass ich, wenn ich vom Dienst nach Hause komme *(lacht)* … meine revolutionäre Wachsamkeit einstelle. *(Ernst)* Man kann ja nicht gleich abschalten, nicht. Ich merke also: Er macht die Türen leise zu, na …, er füttert von selbst den Hamster, auau …, als er dann noch ohne Extraeinladung den Mülleimer runterbringen will, stell ich ihn kurzerhand zur Rede, Kreuzverhör, im Flur, unter der Garderobe. »Was is 'n los, Großer?« Sofort alles gestanden, Heft geholt, sofort alles ausgepackt, keine Diskussion, alles offenbart – ratzfatz. Und was meine Frau ist, die ist ja Lehrerin – die hat nur gestaunt. Ist ja auch viel Psychologie bei uns mit dabei. Ganz klar, wir arbeiten ja mit Menschen und so weiter. Wissen Sie, was ich meinem Großen gesagt hab? Mit der 4, Marko, hab ich gesagt, halb so schlimm, das kann vorkommen. Muss nicht, aber kann. Aber dass du vor mir Geheimnisse haben willst, dafür könnt ich dich … Das hab ich gesagt. Das hat er kapiert für sein Leben, dass es das nicht gibt: Geheimnisse vor mir. – Sagen Sie mal: Ist was mit Ihrem Stuhl? Sie ruckeln schon die ganze Zeit so herum. Nein? Na gut. – Kleinen Moment noch, ja, bin noch nicht ganz fertig. Also schon deswegen keine Geheimnisse vor mir, weil: Der Marko, der will ja später mal zur NVA, Fliegeroffizier werden, da geht das ja nun ganz und gar nicht, da herrscht Offenheit. Mal was ganz anderes: Ich weiß ja nicht, wie das bei Ihnen ist, wie Sie im Allgemeinen, also mal ganz speziell zum Thema »Sozialistische Landesverteidigung« stehen. Sie waren ja fünf Jahre im sozialistischen Ausland, habe ich ja hier alles vor mir liegen. Aus dem Grundwehrdienst fallen Sie damit also schon mal rein altersmäßig raus. Tja, wenn Sie so wollen: schön für Sie. Aber … Ich meine, wir können ja, wenn Sie so wollen, in jede Richtung drehen. Auto, Wohnung, Pipapo, das hatte ich ja alles schon durch mit Ihnen. Das ist die eine Seite der Medaille. Aber es geht ja genauso, wie Sie sich denken können, auch andersherum. Stellen Sie sich mal vor, stellen Sie sich das nur mal vor: Sie müssen jetzt dauernd zum Reservistendienst einrücken. Lassen Sie mich da mal rechnen … ja, ehe Sie die 18 Monate voll hätten, wäre das sechsmal ein Vierteljahr, wenn ich richtig gerechnet habe. Immer aus allem raus, immer genau dann, wenn es Ihnen nun gerade mal überhaupt nicht in den Kram passt. *(Mit ehrlichem Bedauern in der Stimme)* Keine schöne Vorstellung, nicht. Also, ich könnte mir vorstellen, das wäre nicht so ganz in Ihrem Interesse. Nur mal so als kleine Gedankenstütze. Wo waren wir stehengeblieben? Na, ist ja auch egal. Wir müssen ja hier kein festes Programm, wir reden ja hier ganz zwanglos, wir brauchen ja nicht, da ist ja, ich meine, ich könnte Ihnen ja auch mal erzählen, wie das bei mir so angefangen hat, damals – ist ja kein Geheimnis, kein Topsecret. *(Lehnt sich zurück)* Hab ja auch richtig einen Beruf gelernt, von der Pike auf und so weiter. Doch das hat mich irgendwie nie richtig ausgefüllt. Ich dachte immer: Das kann's doch nicht gewesen sein. Ich wollte immer eher was mit Menschen, verstehen Sie? Geht Ihnen das nicht auch manchmal so? Hab auch immer viel gelesen in meiner Freizeit, Tierbücher, alles, ja. Tiere haben mich immer sehr stark interessiert, ihr Verhalten und so weiter. Auch Tierfilme. *(Begeistert)* Wären Sie jetzt nicht draufgekommen, was? Hab ja heute noch ein Aquarium. Mein Großer, der hat 'n Goldhamster, der liegt ganz auf der Linie. Manchmal, wenn ich von der Arbeit komme, meine Frau guckt noch ein bisschen fern oder korrigiert Hefte, da setz ich mich vors Aquarium, streu Futter rein – und dann, dann guck ich mir einfach die Fische an, wie die so herumschwimmen und alles. Das ist mein Ausgleich zum Dienst, der ja manchmal auch sehr hart sein kann. Jedes Mal ein kleiner Höhepunkt für mich am Tag. Na, wie gesagt, dann kamen eines Tages die Genossen, und die sagten zu mir ... sagten zu mir das, was ich mir eigentlich schon immer selbst gesagt hatte: Junge, du kannst mehr. Und: Komm zu uns! Na ja, so ist das dann losgegangen. Noch mal Schulbank drücken, ist mir nicht leichtgefallen. Was hab ich da nicht manchmal gesessen, bis spät in die Nacht. Eheleben in der Zeit: aufm Nullpunkt. Meine Frau, die hat mich echt unterstützt dabei. Sie wollte ja auch immer sehr nach Berlin. Ja, und das Ende vom Lied: Nun sind wir hier. Aber das wollte ich Ihnen eigentlich gar nicht alles, ich bin jetzt wirklich 'n bisschen abgekommen ... Ach, jetzt weiß ich's wieder: Meistens sind es ja K-l-e-i-n-i-g-k-e-i-t-e-n, wo was anfängt, jawohl, die vielen lieben Kleinigkeiten, wo man auch gern mal ein Auge zudrückt. Gut, einmal kann man vergessen, die Fahne zum Republikgeburtstag rauszuhängen. Muss man ja auch keinen Fetisch draus machen. Obwohl mir das persönlich nicht in 'n Kopf will, ist doch immerhin ein Feiertag, wo man nicht zur Arbeit muss, hätte man ja eigentlich genug Zeit zu. Aber gut – gut, ich gehe mal davon aus, das kann passieren. Wenn ich richtig informiert bin: Fahne raus, also, ich sag's mal ganz direkt: Flagge zeigen, Farbe bekennen und so weiter, das ist ja wohl nicht gerade Ihre starke Seite, oder? Na ja. Wenn jemand nun systematisch nicht flaggt, da fragen wir uns natürlich: Ist das einfach nur Vergesslichkeit, oder steckt da nicht auch 'ne bestimmte, 'ne bewusste Haltung dahinter? Da können wir natürlich schlecht was machen. Wir können ja nicht bei Ihnen klingeln: Guten Tag, sehr angenehm, Ministerium für Staatssicherheit, wir haben da nur mal 'ne Frage: Warum flaggen Sie eigentlich nicht? Das wäre ja Quatsch. Aber nehmen wir mal an, es gibt auch noch andere Hinweise, Anhaltspunkte, verstehen Sie, nicht gemeldete Westkontakte und so weiter. Hatten wir ja alles schon. Oder zum Beispiel: Stichwort Wahlen. Das beobachten wir in letzter Zeit häufig, also, das läuft dann nach dem Motto ab »einfach nicht hingehen«, solche Parolen, ja. Ich denke da nur immer an die vielen, vielen freiwilligen Wahlhelfer, die opfern ihre Freizeit und alles. Das ist schon ganz schön haarig. Da verdichtet sich also was. Es verdichten sich Hinweise. Dann gucken wir uns den Vogel mal genauer an: Hallo, da gab's doch, wie schon gesagt, auch noch nicht gemeldete Westkontakte, ganz so zufällig, wie es am Anfang schien, ist es also doch nicht. Verstehen Sie: Schritt für Schritt. Und dann ist das eines Tages plötzlich, jawohl: 'ne Gruppierung, 'ne richtige handfeste Gruppierung. Vorhin das Beispiel, Umwelt, Sie erinnern sich. Da finden dann unsere bereits einschlägig bekannten Umweltfreunde also ganz schlau heraus – denn die haben ja alle studiert –, dass auch im Sozialismus die Schornsteine rauchen. Donnerwetter. Also ziehen die jetzt los: gegen die rauchenden Schornsteine. Flugblätter, Schmalfilme. Sind auch Ärzte mit dabei und messen die Luft und so was. Neulich hatte ich hier ein Flugblatt liegen: Dort und dort kommt es gehäuft zu ... äh, na ... Pseudokrupp, also, wo man Husten von kriegt. *(Hustet demonstrativ)* Richtig mit Zahlen, Kurven alles – und von einem Doktor unterschrieben, einem richtigen, einem »Dr. med.«. Mal ganz abgesehen von der ärztlichen Schweigepflicht – obwohl man auch da ansetzen könnte, sicher –: Hier wird offensichtlich Panik gemacht. Und das nennt sich dann »Friedens- und Umweltgruppe« – na, schönen Dank auch. Aber passen Sie auf: Es kommt noch besser. Wir haben ja in unserer Republik auch paar ganz piekmoderne Kernkraftwerke, Lubmin, Greifswald, zum Beispiel. Aber wehe, wehe, wenn es da tatsächlich mal vereinzelt zu einem Störfall kommt, Stichwort Tschernobyl, was denken Sie, was dann los ist. Sofort ziehen die jetzt wieder los, genau die gleichen Umweltgruppen! Jetzt geht's auf einmal gegen Kernkraft. Genau in die andere Richtung. Ja sind die denn ... *(schlägt sich die Hand gegen die Stirn)*, frage ich mich da manchmal. Merken Sie, worauf das hinausläuft? Sollen denn die Leute bei uns erfrieren oder was? Im Grunde geht's denen doch gar nicht um Kernkraft oder rauchenden Schornstein, es geht denen auch nicht um unsere Menschen, ach was, alles Mumpitz: Es geht ums System. Für die ist es doch ganz egal: Egal, wie wir es machen, ist es für die doch, jawohl: falsch. Ob wir es nun wollen oder nicht, sind wir hier bei der Machtfrage gelandet: die – oder wir? Ist schon ganz schön aufschlussreich, nicht wahr, das alles mal so im Zusammenhang. Es fängt immer ganz klein an, und am Ende, da sind es schon richtige Umtriebe, wo wir natürlich eingreifen müssen. So schließt sich dann der Kreis. Deshalb, das A und O für uns: Informationen. Damit wir, auf gut Deutsch gesagt, informiert sind. So, das war es schon mal so in etwa, was ich Ihnen hier mal in aller Kürze und so weiter. Damit auch Sie informiert sind. Das heißt nun aber nicht, damit wir uns hier nicht falsch verstehen, dass wir Sie nun ganz offiziell bei uns – gar nicht. Mir schwebt da eher so vor … »inoffiziell«. Oder man könnte auch sagen: »freier Mitarbeiter«. Da haben Sie doch, wenn ich richtig informiert bin, Erfahrungen mit. Beim Rundfunk, da sind Sie doch, ja, steht hier so in meinen Unterlagen, sind Sie doch auch freier Mitarbeiter. Schreiben Sendungen für die und so weiter. Mh. Mhmhmh. Na ja, ich merke schon, das kommt jetzt alles ein bisschen plötzlich für Sie, hm? Denken Sie einfach mal in Ruhe darüber nach, ja. Meine Telefonnummer haben Sie, Sie können mich jederzeit, ich bin ja rund um die Uhr. So, das war's dann auch schon von meiner Seite. Wenn Sie erst mal keine Fragen weiter haben. – Ihren Mantel, bitte. Warten Sie, ich will Ihnen doch nur helfen. Na, wie Sie wollen. Also dann, ich sage einfach mal – wie sagt man so schön? – … auf Wiedersehen!

III

Tagesablauf

Sparschuh Damit unsere kleinen militärischen Alltagsdramen vor der entsprechenden Erinnerungskulisse ablaufen können, wäre es ganz wichtig, dass wir uns mal die Eckdaten des Alltags vergegenwärtigen. Also: Wie viele Genossen – oder bei euch dann entsprechend Mann – lagen auf jeder Stube, wann war Wecken, wie sah der Tagesablauf aus und so weiter.

Bei uns, um den Anfang zu machen, waren es neun Mann im Zimmer, ein Doppelstockbett war nur einfach belegt.

Nadolny Acht bis zehn Mann, bei uns nicht anders. Und Wecken war um fünf.

Sparschuh Wecken war bei uns um sechs Uhr. Bei euch um fünf, das ist ja unglaublich. Da hätten doch unsere, wenn die das auf irgendeinem verschlungenen Wege rausbekommen hätten, mit entsprechenden Gegenmaßnahmen reagiert. Dann wäre doch bei der NVA mindestens halb fünf Wecken gewesen. Das ist mir unheimlich.

Nadolny Ja, zumindest wäre der imperialistische Gegner zwischen fünf und sechs bei euch einmarschiert.

Sparschuh Und wir hätten unseren großen Kampfkostümauftritt, mit Schutzmaskenball und allem Pipapo, einfach verpennt? Unglaublich.

Nadolny Nee, es kann durchaus sein, dass ich mich falsch erinnere. Es war vielleicht gefühlte fünf Uhr und in Wirklichkeit sechs. Ich wurde ja im Herbst eingezogen, da wurden ja die Tage immer kürzer, morgens war es stockduster. Das kann um sechs genauso der Fall sein. Oder: Wir mussten als Rekruten um fünf raus und später als Gefreite erst um sechs.

Sparschuh Und dann? Bei uns war Raustreten zum Frühsport und gleich erst mal auf nüchternen Magen dreimal um den Kasernenhof rennen.

Nadolny Aha, das mit dem Frühsport verdanken wir also euch.

Sparschuh Ja, aber leider muss da inzwischen einiges in Vergessenheit geraten sein. Der Wehrbeauftragte Robbe hat neulich ein ziemlich desaströses Bild gezeichnet: über 40% der Bundeswehrangehörigen übergewichtig, davon 8% richtig fett. Mehr als 20% der Soldaten treiben überhaupt keinen Sport …

Nadolny Und das hat der öffentlich so gesagt?

Sparschuh Ja. Ich staune genauso. Nach meinem Verständnis müsste das auch eher topsecret behandelt werden.

Nadolny Also bei uns damals war es genauso wie bei euch. Raustreten zum Frühsport, also im Sportanzug, und dann noch mal umziehen. Danach ab zum Frühstück. Kompanieweise exakt in Marschformation, was mir, wie gesagt, am Anfang schrecklich und unheimlich vorkam.

Sparschuh Unsere Trainingsanzüge, in denen wir da rausmarschiert sind, waren braun mit rot-orangefarbenen Streifen, das war vom Armeesportverein »Vorwärts« so die typische Ausstattung. Und auch die Marschlieder hatten was Beängstigendes, vor allem, was da frühmorgens aus den Mündern dieser Lemuren und Schattengestalten herausquoll. Wir haben immer singen müssen, auch auf dem Weg zum Speisesaal, und ich erinnere mich ... Ja, wir kannten vor allem ein Lied: »Spaniens Himmel breitet seine Sterne über unseren Schützengräben aus«. Das war aus dem Spanischen Bürgerkrieg, aber es ist natürlich merkwürdig, wenn man im Gleichschritt zum Frühstück anrückt und solche Lieder singt.

Nadolny Das finde ich mörderisch. Singen noch vor dem Frühstück, das gab es bei uns nicht. Wir sind mit dem monotonen Klappern unserer Essgeschirre oder was wir da hatten, angetrabt. Irgendwas hatten wir – Tassen? Komisch, die muss es ja in der Kantine gegeben haben. Aber ich weiß, dass wir etwas dabeihatten, was klapperte, wenn wir zum Frühstück marschiert sind. Die Feldflaschen vielleicht, zum Tee-Abfüllen in der Kantine? Ich weiß es nicht mehr. Gesungen haben wir nicht. Das ist dann doch der Unterschied zwischen einer so menschlichen, demokratischen Armee wie unserer und einem perfiden Unterdrückungsinstrument, dass man nicht gleich morgens rumkrakeelen muss. Das Frühstück war wahrscheinlich hüben wie drüben ähnlich. Hagebuttentee, Pfefferminztee. Schwarztee war überhaupt schon Luxus, es waren meist sehr merkwürdige Tees, die wir da bekamen. Und dann diese grauenhaften Schmierwurstsorten, sehr fett, sehr fade …

Sparschuh Panzerfett hießen die bei uns. Das war so eine Art Teewurst für die gemeine Truppe, und die sah aus wie Panzerfett. Die war gefärbt, so rötlich, furchtbar.

Nadolny Ich bin Panzern nie so nah gekommen, dass ich vergleichen könnte. Aber etwas Wichtiges habe ich vergessen. Das Revierreinigen. Nach dem Weckruf stürzte ja alles in die Waschräume. Man stand da nebeneinander und putzte sich die Zähne, unter anderem. Und danach mussten die Waschräume gereinigt werden. Die, die zum Reinigen eingeteilt waren, mussten es schnell tun, sonst fiel für sie das Frühstück aus. Die Einteilung ging stubenweise. Ich glaube, pro Tag immer zwei Mann von einer Stube. Da habe ich etwas erlebt, das gehört jetzt nicht direkt in den Dienstplanzusammenhang. Ich war morgens immer ziemlich verkatert, auch ohne abends gesoffen zu haben. Und entsprechend erregbar, wenn etwas passierte, was ich im Moment nicht in den Griff kriegen konnte. Als ich zum Revierreinigen eingeteilt war und die Waschbecken säuberte, kam ein Nachzügler und fing da an, sich die Zähne zu putzen, er ließ sich auch nicht davon abhalten. Weil ich mich noch nicht so richtig artikulieren konnte – ich konnte den Mann noch nicht mit Worten bewegen –, habe ich ihm eine reingehauen. Anschließend war einer seiner Schneidezähne etwas locker, der Mann blutete aus dem Mund und drohte mit einer Anzeige. Völlig zu Recht, ich hatte großen Respekt davor und habe mich tags darauf bei ihm entschuldigt. Die Sache ist mir unvergesslich, weil ich merkte, da war eine Gefahr, auf die ich achten musste, Vorsicht, Nadolny, lass es nicht so weit kommen. Versuche doch lieber, Worte zu finden, sonst wandelst du an der Schwelle des Gefängnisses. Lockere keine Schneidezähne!

Sparschuh Äußerst kluge Entscheidung!

Wir haben vorhin über Sauberkeit und Ordnung in der Kaserne gesprochen. In der verblichenen Deutschen Demokratischen Republik wurden ja mit Akribie Geruchproben gesammelt. Man hat von Dissidenten Geruchproben gesammelt, die wurden ganz diskret und nebenbei genommen, damit später die Spürhunde was zu schnüffeln hatten und die Spur aufnehmen konnten. Bei der Staatssicherheit gab es ein riesiges olfaktorisches Archiv. Wenn ich mir vorstelle, ich hätte hier ein Reagenzglas mit dem Geruch unserer Stube ... Ich versuche nur noch mal, mir erinnerungshalber die einzelnen Ingredienzien zusammenzustellen: Nachts wurde die schwarze Verdunklung vorgezogen, da schrie immer einer »Verdunklung«, also schliefen wir da in diesem Nachtmief. Morgens, wenn man die Betten ein bisschen hätte auslüften lassen können, kam sofort der nächste Irre und wollte die Betten auf Kante und Zentimeter genau gebaut haben. Da wurde der Geruch weiter konserviert. All das braute sich mit der Zeit zusammen zu dieser einzigartigen NVA-Duftnote: der Geruch von Schweißfüßen, die Nachtausdünstungen, der Alkohol und das alles. »Das riecht ja hier wie im kaukasischen Männerpuff«, stellte auch unser Feldwebel immer wieder bewundernd fest. Augen zu und Nase auf – sofort sehe ich die Kasernenstube wieder vor mir.

Sten, bevor wir im Tagesablauf weitergehen, eine terminologische Frage: Ihr habt eure Kaserne wahrscheinlich als Kaserne bezeichnet, oder?

Nadolny Ja, schon. Oder eher Unterkunft, Kompaniegebäude natürlich, je nachdem. Oder wir sprachen einfach vom Maxhof, so hieß der Standort. In Bayern klingt Hof vertrauenerweckend.

Sparschuh Und bei uns, ich grüble bis heute darüber nach, warum, hieß es immer »das Objekt«. »Objektreinigung steht an« oder »Wir verlassen das Objekt« – und so weiter. Weil ich ja mal mit Philosophie zu tun hatte, habe ich mich immer gefragt, was das eigentlich heißt: Objekt? Es existiert objektiv, es ist unabhängig von mir – und ich stehe da als Subjekt. Wie stehe ich subjektiv zu diesem Objekt? Sozusagen mit materieller Gewalt herrscht es über mich. Ich bin von ihm abhängig. So ungefähr kann man ja den dialektischen Materialismus verstehen. Also schon in dieser Objektbezeichnung drückt es sich aus, dass es primär sei und ich als zweifelhaftes Subjekt, das sich schattenhaft in diesem Objekt bewegt, eher sekundär bin.

So, Frühstück im Objekt ist absolviert, 7:45 Uhr noch der Appell, Kontrolle der Anzugsordnung und so weiter, um acht geht's los. Dienstantritt, dann fängt es an. Was fängt bei euch an?

Nadolny In der Rekrutenzeit? Sehr Unterschiedliches. Formalausbildung, Kampfausbildung im Gelände, Unterricht über Waffen und Geräte, überhaupt viel Unterricht. Irgendwann zwischen neun und zehn gab es zwanzig Minuten Pause, die sogenannte Nato-Pause. Da saßen wir in der Stube rum, meist schlafend am Tisch mit dem Kopf auf den Armen, der Nachturlaub schwächte ja enorm. Aufs Bett legte man sich nicht, denn das war ja vorbildlich »gebaut« und musste so bleiben. Himmel, was war ich müde in diesen Nato-Pausen. Bei dem Wort Nato fange ich noch heute an zu gähnen.

Sparschuh Nee, Warschauer Vertragspause gab's bei uns nicht, leider. – Was für Klamotten hattet ihr denn an?

Bekleidung

Nadolny Wir hatten den Arbeitsanzug an, den Kampfanzug oder die Dienstuniform mit blauem Hemd und Krawatte. Das meiste wurde im Arbeitsanzug absolviert, der war olivfarben und recht bequem. In dem machte man natürlich auch Putz- und Flickstunde: Zu reinigen war meistens der andere, der Kampfanzug. Unser Vormittag war halt auf eines dieser Kleidungsstücke ausgerichtet – sonst hätten wir ja in einer Art Modenschau gelebt. Irgendwann gab es dann auch noch eine Ausgehuniform.

Sparschuh Diese Ausgehuniform war bei uns wirklich nur für den Ausgang. Wir hatten im Objekt immer so eine Ein-Streifen-Kein-Streifen-Einheitstracht an. Hattet ihr dazu auch diese weißen Kragenbinden, die man immer wie bescheuert scheuern musste?

Nadolny Weiße Kragenbinden?

Sparschuh Ja, wunderbar. Das war so ein Fragment eines Chemisetts. Du hattest deine Ein-Streifen-Kein-Streifen-Uniform an, so eine Kombination mit lauter Taschen für Munition und anderes Kleinzeug, und du musstest so ein weißes Kragenstück in den Kragen einknöpfen. Das wurde abends immer am Waschbord geschrubbt, bis es ganz weiß war, man hatte fünf Stück davon. Und wehe, wenn das schwarz war, das Miststück.

Nadolny Wir hatten nichts zum Einknöpfen. Zum Arbeitsanzug gehörte ein olivfarbenes Hemd, und dieselbe Sorte Hemd hatten wir auch unter dem Kampfanzug an. Ansonsten gab es blaue Hemden mit schwarzer Krawatte für den Dienstanzug. Anfangs, 1961, sah der noch sehr unglücklich aus, mit einer sehr kurzen Jacke, die wir »Affenjäckchen« nannten. Da hatte wahrlich kein Modeschöpfer die Hand im Spiel, ein grauenhaftes Gebilde. Man ging darin auch mit Sicherheit nicht aus. Später gab es dann schickere Anzüge. An Unterwäsche übrigens erinnere ich mich überhaupt nicht. – Es gab sie natürlich, du brauchst da nicht süffisant zu lächeln.

Sparschuh Da erinnere ich mich übrigens an eine ganz besondere Pein. Bei uns war alle vierzehn Tage Wäschetausch. Die dritte Kompanie tauschte mit der vierten die dreckigen Unterhosen und die zweite mit der dritten …

Nadolny Hätte ich dir jetzt fast geglaubt! Du schaust immer so seriös, da merkt keiner was. – Klar, gewechselt und gewaschen wurde die Wäsche bei uns auch. Übrigens, wir haben noch kein Wort zur Erkennungsmarke gesagt. Hattet ihr auch so ein ovales Plättchen unterm Hemd, auf dem eure Personalnummer stand?

Sparschuh Aber selbstverständlich. Die Hundemarke. Habe ich sogar jetzt noch.

Nadolny Man trug sie an einer soliden Halskette. Die Daten standen doppelt drauf, eine Hälfte davon konnte abgebrochen und an die Verwaltung geschickt werden, im Krieg und von den überlebenden Kameraden. Als Beweis, dass die Feldpostnummer sich erübrigt hat.

Waffen

Sparschuh Nicht selten kann jemand nur noch anhand der Marke identifiziert werden. Aber bevor es so weit ist, muss ja erst mal was Entsprechendes passieren. Kommen wir jetzt also – …

Nadolny … zu den Waffen!

Sparschuh Genau. Wir gehen spontan ganz systematisch vor.

Nadolny Wohl wahr, obwohl man die ja nicht am Leibe trug, nur bei der Ausbildung. Sonst standen die Gewehre jeder Stube in einer Wandnische neben der Stubentür auf dem Gang. Alles andere kriegten wir nur in die Hand gedrückt, wenn es als Unterrichtsstoff dran war: Pistole, Maschinenpistole, Maschinengewehr und andere Waffen. Als Rekrut erlebte ich gewissermaßen das Ende der Gründungszeit der Bundeswehr, noch mit dem schrecklichen belgischen FN-Gewehr (FN hieß, glaub ich, einfach »Fabrique Nationale«). Schwer, unhandlich, mit so blöden Lafettenfüßen, die sich tückisch aufspreizten, wenn man zu Boden gehen musste. Dann kam Franz Josef Strauß als Verteidigungsminister und, ich glaube, mit ihm das Gewehr »G 3« – das benahm sich vernünftiger. Im Gegensatz zu Strauß selber.

Sparschuh Das Gewehr, bei uns die Kalaschnikow, spielt natürlich im Lauf des Tages schon eine große Rolle. Obwohl die bei uns in der Waffenkammer stand, die »Braut des Soldaten« war eingeschlossen. Dann gab es aber, laut über den Flur gebrüllt, den Schlachtruf: »Waffenausgabe« – und man kriegte sie in die Hand gedrückt. Immer wieder war sie zu putzen, in jeder nur erdenklichen Weise. Entweder man hatte damit geschossen, dann vor allem. Aber ansonsten auch mal so, als Zwischenreinigung.

Nadolny Die Waffen waren mir merkwürdigerweise oder eben gar nicht so merkwürdigerweise sehr interessant. Ich glaube, das hängt damit zusammen, dass ich durch entsprechende Lektüre ein »richtiger Junge« war, die Silberbüchse von Winnetou und der Bärentöter von Old Shatterhand, auch die hatten mir schon reichlich imponiert. Ich fand es auch keineswegs scheußlich, Waffen besonders schnell auseinanderzunehmen und wieder zusammenzusetzen, also Waffendrill. Ich war stolz, wenn ich das am schnellsten konnte. Denn etwas, was funktioniert und eben so gut gearbeitet ist, dass es funktioniert, das begeistert durch Präzision. Der Deckel des Maschinengewehrs schließt sich mit einem vertrauten Schmatzen, welches anzeigt: Der ist wirklich zu. Man sieht, das ist in Ordnung, das ist gut konstruiert, das schnappt und sitzt und passt.

Sparschuh Wunderbar – jetzt haben wir eine gemeinsame Basis. Du hast die Silberbüchse. Und mit unserer Kalaschnikow hatte ich den Henrystutzen, 36 Schuss, die da bei Old Shatterhand rausgepfeffert kamen. Bei unserer Kalaschnikow kamen tatsächlich fast genauso viel Schuss heraus. Und das ist seltsam: Dienst an der Waffe hat mir sehr gefallen. Auch eine Karl-May-Spätfolge. Ich hatte übrigens insofern einen gewissen Vorteil, weil ich schon damals Tabakpfeife geraucht habe. Diese Pfeifenreiniger waren ideale Reinigungswerkzeuge. Alles schrie nur immer: »Öl, Öl!«, und die kippten dann die ganze Knarre voll Öl, aber dadurch kriegst du das Ding nie sauber. Wenn du nun so einen schlanken Pfeifenreiniger ins Ölfläschchen tunkst, dann kommst du an die intimen Stellen der Waffe. An der Waffe rumzubasteln, mit einem bestimmten Tempo – nicht schlecht, das waren manchmal richtig Momente der Meditation.

Nadolny Du hast ja auch geschossen, Jens, du warst auf dem Schießplatz und hast geschossen. Indiskrete Frage: Hast du gut geschossen, mit Ehrgeiz geschossen? Wolltest du im Schießen gut sein?

Sparschuh Da verdanke ich einem Stubenkameraden sehr viel – durch meine Vergesslichkeit leider ein namenloser Soldat. Der hat mir, als es ernst wurde und er schon irgendwie sah, dass ich vielleicht nicht der beste Schütze vor dem Herrn sein würde, einfach den Tipp gegeben: »Doc, halt bloß das Scheißding richtig fest!« Weil er in seinem Grundwehrdienst erlebt hatte, wie sich einer nun wirklich mit einer Kalaschnikow im Dauerfeuer die ganze Zahnreihe rechts oben ausgeschlagen hatte. Das Ding hat ja einen enormen Rückstoß. Ich hielt mich also an dem Ding fest und habe auch ganz ordentlich geschossen. Und habe es nach diesen ersten Tagen der Bedrohung und Bedrückung durchaus als Lust empfunden, das ganze Magazin auf so eine Pappfigur loszuwerden. Dann merkte ich, auf jedes Schießen folgt ein besonders gründliches und langwieriges Waffenreinigen. Gut, da lernte man also mal kennen, was die Welt im Innersten zusammenhält, mit all den Bolzen und Federn.

Vielleicht habe ich an der Waffe das gefunden, was mir bei der Armee im Ganzen so gefehlt hat: Ordnung, Funktionieren und System! Ansonsten, Mensch, ich glaube, im Ernstfall wären wir nicht gut zu gebrauchen gewesen.

Nadolny Das erstaunt mich wieder sehr. Denn selbstverständlich hatten wir ein anderes Bild und bekamen auch ein anderes Bild eingebläut. Im Grunde wart ihr doch unser Angstvorbild.

Sparschuh Danke.

Nadolny Diese NVA, dachten wir, wird gedrillt bis dorthinaus, die kann es einfach gnadenlos. Wenn wir schon diesen Stechschritt gesehen haben, im Fernsehen oder in der Wochenschau! Bei uns konnte das niemand – viel zu anstrengend! Wir hatten das Gefühl, Mann, die sind wirklich hart, die funktionieren bis zum Umfallen, da gibt es keine Ausfälle und keine Schlampereien. Einfach weil die auch in einer größeren Strafenfurcht leben, in einem ständigen Ernstfall.

Sparschuh Wir sind ja nun nicht den ganzen Tag im Stechschritt durch die Kaserne marschiert und dann vielleicht auch noch so zum Klo. Nein, da muss ich dich enttäuschen. Es ist übrigens auch sehr kraftraubend, so zu laufen. Fürs Alltagsleben wenig geeignet. Aber immerhin, als Abschreckung hat es offenbar gut funktioniert, Donnerwetter.

Nadolny Ihr müsst hinter der Fassade ein ziemlich depressiver Verein gewesen sein.

Sparschuh Das ist ja nicht das Schlechteste, was sich von einer Armee sagen lässt. Besser jedenfalls als eine optimistisch todesmutige, oder?

Aber du hast schon recht: Hinter der Fassade herrschte ein ziemliches Chaos, eine universelle Dreckigkeit, innerlich und äußerlich. Ganz schlimm war zum Beispiel der Tee. Und da half eigentlich nur eines!

Nadolny Was denn? Warum zögerst du?

Alkohol

Sparschuh Desinfektion, innerliche Reinigung! Mir hat wahrscheinlich der ganze Schnaps bei der Armee die Gesundheit meiner inneren Organe konserviert. Die waren immer ordentlich in Alkohol eingelegt. Am Ende des Kompanieganges stand so ein großer, olivgrüner Teepott, der nie gereinigt wurde. Da wurde immer nur zugekippt, dieser Hängolintee, der irgendwie sexuell abregend sein sollte. Wir hatten eine Mannschaft, die wollte immer besonders vorbildlich leben und hat dauernd daraus getrunken. Nachher hatten die alle Hepatitis, weil dieser versiffte Pott so vermulcht und verkeimt war.

Nadolny Der Alkohol hat dir geholfen, weil du ihm zuliebe diesen Tee stehen gelassen hast?

Sparschuh Genau – »ihm zuliebe«! Wir haben diesen ominösen Hängolintee vorsichtshalber nie angerührt, weil der schon so verdächtig nach weiß der Geier was roch.

Nadolny Sitzen zwei alte Schweizer beim Bier. Nach langem Schweigen sagt der eine:

»Du, weißt du noch, wie wir einmal ganz jung waren?«

»Jo freilich.«

»Und wie wir zur Armee eingerückt sind?«

»Jo.«

»Und da haben sie uns doch einen Tee gegeben, wo was drin war, dass wir nicht so auf die Weiber springen!«

»Jo.«

»Du, und jetzt fangt das Zeug zum Wirken an!«

Sparschuh Jo. – Übrigens, vor einiger Zeit hatte ich den Hängolingeruch wieder in der Nase. In Prora auf Rügen, in diesem irrwitzigen, kilometerlangen KdF-Bau, saß ja zu DDR-Zeiten die NVA. In einer Etage hat man dort eine NVA-Kompanie museal konserviert. Richtig liebevoll. Ich war mal dort und wollte mir das ansehen. Ich wunderte mich nur, wieso die Männer aus den einschlägigen Jahrgängen so völlig blass und bleich die Treppe heruntertaperten. Ganz irre: Der spezielle NVA-Kasernenmief hängt so tief in dem ganzen Zeug, der hat sich bis heute original als Duftmarke erhalten. Deswegen waren die alle so totenbleich. Das schlug bei den Museumsbesuchern voll durch, der Geruchssinn erlaubt ja wenig reflektorischen Abstand.

Nadolny Beim Saufen, da kann ich mich nur an sehr, sehr viel Bier erinnern, und das hat ja auch seine Wirkung auf die Kampfkraft. Das Alarmdrittel, von dem schon die Rede war, zeichnete sich dadurch aus, dass viel Bier getrunken wurde, ich nehme an, verbotenerweise. Das hat mich aber nicht bekümmert. An schärfere Sachen kann ich mich nicht erinnern, bei euch war der Dienst wohl zu Ehren der deutsch-sowjetischen Freundschaft mit mehr Wodka gesegnet?

Sparschuh Wie seid ihr an Bier gekommen?

Nadolny Ich meine – hoffentlich erinnere ich mich nicht völlig falsch –, das gab's in der Kantine.

Sparschuh Ihr hattet Bier im Ausschank?! In der Kaserne herrschte bei uns, soweit ich weiß, absolutes Alkoholverbot. Kann sein, in der Offizierskantine gab's was, aber da kamen wir nicht rein. Und außerdem hätte man gar nicht gewusst, wie man eine Bierflasche oder dergleichen diskret entsorgen könnte.

Der Schnaps kam in Konservendosen in die Kaserne. Die wurden von liebenden, treusorgenden Angehörigen mit reinem Schnaps gefüllt, und zwar immer so, bis kein Kubikmillimeterchen Luft mehr drin war. Sonst hätte der Spieß gleich gewusst: Aha, da ist ja Schnaps drin und nicht, wie es draufstand, hausgemachte Leberwurst. Der Spieß schüttelte die Büchsen immer an seinem Ohr, ob da was gluckerte. Abends wurde dann die 2-Liter-Büchse angestochen, und die kreiste so lange, bis wir alle halb tot auf den Betten lagen. Zapfenstreich!

Nadolny Halt, so weit sind wir noch nicht.

Stumpfsinn und Plötzlichkeit

Sparschuh Ja, leider. Was uns der Dienstplan nicht verrät: die Ödnis, die sich unendlich zwischen zwei Punkten des Dienstplans oder den einzelnen »Maßnahmen«, wie das bei uns hieß, erstrecken kann. Schlicht und einfach – Kasernenalltag: Variationen über kein Thema.

Was mir am meisten auf die Nerven ging, war dieses von jetzt auf gleich Herausspringen und diese ständige Gefechtsbereitschaft. Dass man irgendwie immer gewärtig sein musste, die Tür fliegt auf, der Spind wird aufgerissen, Tiefenkontrolle, alles wird rausgeschmissen. Dass man nie zur Ruhe kam. Man hing dauernd herum, die Sprache verebbte und verödete, es war eine Handvoll Wörter, mit denen man sich gegenseitig verständigte oder eher angrunzte. Man hätte in der Zeit vielleicht auch was lesen können. Aber selbst das klappte kaum, weil man immer wusste, sobald du dich vertiefst, womöglich einen Gedanken fasst – gleich ist wieder Essig damit.

So verlief die meiste Zeit in einem larvenähnlichen, reglosen Zustand und eigentlich nur in Erwartung einer Abwechslung des Kasernenalltags, Gefechtseinsatz, Manöver an der Oder, da kam man wenigstens raus in die Natur. Das war dann schon was, unter freiem Himmel zwar und furchtbar gefroren. Aber das war eben ein Stück Leben gegen dieses Eingesponnensein in dieser furchtbar dreckigen Kaserne.

Nadolny Es ist das geistige Leben, das da einstaubt und krankt. Das gehört zu den Konstanten des Armeedaseins, des militärischen Lebens, dass der gemeinsame Nenner der Stumpfsinn ist. Bleierner Stumpfsinn. Mein Gott, man ist ein junger Mann, hat das Abitur gemacht, kann möglicherweise Griechisch und Latein, ist brennend interessiert an all dem Wahnsinnsleben da draußen, sogar an der Politik, und man liebt es zu lesen. Und dann schafft man es beim Militär kaum, zum Lesen zu kommen. Das ist schon sehr merkwürdig, dass sich diese Stumpfsinnsatmosphäre wie ein schwerer Mantel über einen legt und man es sich abgewöhnt, Gedanken zu haben. Man lernt es, die sogenannte Obergefreitenprüfung zu bestehen: eine Stunde im Drillich stehen und aus dem Fenster schauen, dabei aber absolut nichts sehen, nichts denken und mindestens dreimal – nee, den letzten Teil der Prüfung lasse ich hier unbeschrieben.

Sparschuh Darf man trotzdem mal diskret, im Dienste der Nachwelt, nachfragen? Ich melde es auch nicht.

Nadolny Nichts für die Nachwelt. Aber es ist schon erstaunlich, wie die Armeen auf der ganzen Welt auch wache junge Leute so zuverlässig in den Stumpfsinn führen. Es gehört offenbar zum Sinn und Zweck einer Armee, geheimnisvollerweise. Dort muss man ja die Fähigkeit entwickeln, zu warten und Ereignislosigkeit auszuhalten. »Die eine Hälfte seines Lebens wartet der Soldat vergebens.« Um dann blitzschnell zu funktionieren, wenn der berühmte Ernstfall eintritt. Aber auch das andere, das Überleben in der geistigen Wüste, wird in Friedens- und Übungszeiten trainiert. Aushalten von Nichtstun, von Langeweile, Revierreinigen, Ödnis. Man fällt fast um, weil man so gelangweilt ist. Und dann plötzlich wilder Geschwindigkeitsterror. Es gibt kaum so etwas wie normale Geschwindigkeit in einer Armee, nur entweder Stillstand oder Beinebrechen.

Sparschuh »Ballett, jetzt machen wir Ballett«, so hieß das bei uns. Diese Willfährigkeit, mit der man auch selbst den Geist der Armee beförderte, ist wirklich irre und beängstigend. Die Befehlssprache ist ja sehr abgehackt, sehr kurz. Und auch der Soldat begibt sich allmählich seiner sprachlichen Möglichkeiten und fährt alles auf ein paar Wörter runter: »Sackstand« – das kann man noch ungefähr kapieren. Aber »einen Zappen haben«? Völlig unbegreiflich, was das bedeuten soll. Ich weiß nur, es war negativ konnotiert, aber das war ja fast alles. Obwohl man innerlich opponiert, verwandelt man sich dem seltsamerweise an, liegt da wie ein Käfer, wie Kafkas Käfer, auf seinem Eisenbett, in diesen seltsamen Hosenträgerhosen, in seinem langärmeligen Unterhemd und ist nur noch aggressiv.

Nadolny Ich habe tatsächlich gedacht, damals, das wäre bei euch zackiger als bei uns, nicht so viel Leerlauf, Schlamperei, Unterrichte für Dreijährige, Zeittotschlagen. Aber noch zum Tagesablauf: Es kam natürlich sehr drauf an, was für ein Dienst dran war. Am wenigsten bedrückend waren oft die Kampfübungen im Gelände, das Hinschmeißen und Robben. Da wurde zwar am meisten geschliffen, da kam man, wie das damals unschön hieß, anschließend »auf dem Zahnfleisch daher«. Aber ich sah in diesem fortwährenden Laufen und In-Deckung-Gehen wenigstens einen Sinn – so etwas konnte man eventuell noch mal brauchen. In unangenehmerer Erinnerung habe ich die Formalausbildung, dieses Stillgestanden-Rechtsum-im-Gleichschritt-marsch, was damals noch in stärkerem Maße stattfand, weil man sich davon eben Disziplinierung, überhaupt die Entstehung von soldatischem Bewusstsein versprach. Ziemlicher Blödsinn, ich weiß nicht, was das zur Erziehung des Menschen beiträgt oder ob es einen Soldaten verbessert. Zweifel sind angebracht. Aber es gab Vorgesetzte, die das enorm genossen haben. Auch Strafexerzieren gab es durchaus noch, zwar nicht als Begriff, aber de facto, weil das nicht so schnell verschwunden ist aus der deutschen Geschichte und schon gar nicht aus der Armee.

Sparschuh Ja, diese hundertprozentige Unterordnung in dem Moment, das gehört natürlich schon dazu. Vor allem bei der Grundausbildung. Aber bei den Reservisten, die bei den Pionieren waren, wurde die strapaziöse Ausbildung im Gelände nicht so wild betrieben. Die Pionierarbeit war ja schon Strapaze genug. Da passierten auch relativ häufig Unfälle. Wahrscheinlich hat man sich zu Recht überlegt, dass da noch mehr passiert, wenn die völlig auf dem Zahnfleisch daherkommen und nur noch auf ihre schweren Geräte kriechen, dass einem so ein Ponton womöglich an den Kopf knallt.

Dienstschluss

Sparschuh Und dann war endlich auch mal Schluss. Das variierte natürlich, je nach Gefechtslage und Einheit, im Allgemeinen aber begann nach der »Maßnahme« Abendbroteinnahme, 18:30 Uhr bis 19:00 Uhr, so etwas wie ... tja ... sagen wir ruhig mal: Freizeit.

Nadolny Man hatte den Dienstschluss herbeigesehnt, und danach fing menschliches Leben an. Es war einfach Feierabend, und wer konnte, verließ die Kaserne Richtung Städtchen, Kneipe, Starnberger See, Mädchen. Die vom Alarmdrittel mussten dableiben, hingen auf Stube oder in der Kantine rum. Oder im Aufenthaltsraum, der glaube ich, »Gemeinschaftsraum« hieß.

Dort stand ein Fernseher, frei zugänglich. Ab und zu gab es kleine Kabbeleien, aber bei den wenigen Programmen gab es höchstens mal Streit zwischen denen, die fernsahen, und denen, die Karten spielen wollten oder sich beim Lesen gestört fühlten.

Sparschuh Unser Kompanieaufenthaltsraum, der hatte Grünpflanzen, aber eher so in Tarnfarbe, einen Schwarz-Weiß-Fernseher, auch ein kleines Bibliotheksregal. In dem stand aller möglicher Kram, den man im Zweifelsfall eher nicht gelesen hätte. »Freizeit« ist bei der Armee sowieso ein höchst relativer Begriff. Solange man irgendwie im Dienst eingebunden war, ging es noch.

Nadolny Du blätterst in deinen »Not-izen«. Praktisches Beispiel?

Sparschuh Leider nein, bloß ein theoretisches Fazit. Hier steht es: »Immerhin, die Fessel gibt dir einen gewissen Halt.«

Nadolny Das ist gut. Und leider wahr.

Sparschuh Die Zeit nach Dienstschluss war eben dann ohne diesen Halt, meist ein tristes, nur von den Hosenträgern gehaltenes Herumhängen. Immerhin, man konnte versuchen zu lesen. Und manchmal wurde man sogar in der Kaserne fündig. Bei der NVA gab es die MHO, die Militärische Handelsorganisation, die auch ein spezielles Buchsortiment hatte. Alles gab es ja auf Zuteilung. Und so bekam die MHO auch immer ihr bestimmtes Kontingent von den Büchern, die gerade im Handel waren. Merkwürdigerweise konnte man damals die besten Bücher bei der NVA bekommen. Die waren draußen schon lange durch oder waren nie auf den Ladentischen gelandet. Volker Braun, Ulrich Plenzdorf, Christa Wolf. Weil sich die meisten Leute bei der NVA nicht so brennend dafür interessierten, hatte man exklusiven Zugriff auf die heiße Ware.

Nadolny Das ist komisch mit den Armeen von Diktaturen: Sie kriegen oft, was der Bürger nicht kriegt. Mir fällt Jürgen Eggebrecht ein, der Dichter und Hörspielredakteur, der im Weltkrieg als Offizier einen wichtigen Posten hatte: Er entschied allein darüber, für welche literarischen Feldpostausgaben Papier zu bewilligen sei – das Ergebnis war dasselbe wie bei euch. Äußerst friedliche Literatur ging an die Front, und das offenbar unterhalb der Wahrnehmungsschwelle der Nazis.

So, ich glaube, jetzt haben wir den Tag der Soldaten hinter uns. Man säuft, man liest, man schläft vor Erschöpfung …

Sparschuh Aber dann schreckt man kurz vor dem Finale eben doch noch mal kurz hoch. Zehn vor zehn brüllt der UvD, der Unteroffizier vom Dienst, seinen Gutenachtgruß über den Flur: »Fertig machen zur Nachtruhe!«, und um zehn herrschte dann Nachtruhe. Verdunklung, wieder die schwarzen Dinger vor.

Nadolny Wir machten einfach das Licht aus. Scheint ausgereicht zu haben, denn wir wurden nie angegriffen. Ja, und um zehn brüllte der Unteroffizier vom Dienst »Zapfenstreich«. Wer nicht längeren Ausgang genehmigt bekommen hatte, musste dann im Bett liegen. Es folgte ein Stubendurchgang, bei dem das kontrolliert wurde. Auf dem Tisch lag das Stubenmeldungsheft, die aktuelle Eintragung war aufgeschlagen: »Stube 14, belegt mit 8 Mann, anwesend die Funker – es folgten die Namen – im Nachturlaub die Funker – wieder Namen. Stubendienst Funker Soundso, Stube gereinigt und gelüftet.« Jawohl, gelüftet, da war der Unterschied zum Osten.

Sparschuh Wir haben all die Jahre wohl ein bisschen zu sehr in unserm Mief gelebt. – Und wie ging's bei euch weiter?

Alarm!!!

Nadolny Wenn man Pech hatte, kam ein Nachtalarm. Das war aber eher selten, einmal in vierzehn Tagen, schätze ich. Es gab Kompaniealarme, die wurden in einer Ausbildungskompanie etwas häufiger angesetzt, damit die jungen Schnösel den Ernst des Lebens kennenlernten. Bataillonsalarme dagegen, richtige Gefechtsübungen, wo alle zu zeigen hatten, was sie konnten, waren wirklich selten. Und Nato-Alarme natürlich noch seltener.

Sparschuh »Alarm!!!« gehört für mich bis heute zu den TopTen meiner Albträume. Immer dieselbe Situation: Ich habe mich zum Schlafen unter den Ponton-Lkw verkrochen, ruhiges Plätzchen, dort findet dich ja keiner; habe ich oft gemacht. Der Alarmpfiff – ich verpenne den oder komme nicht schnell genug raus. Jedenfalls dieselt der Lkw los und drückt mich tonnenschwer in den Schlamm. – Da kämpfe ich dann noch heute mit meiner Bettdecke.

Nadolny Für mich war Alarm so beängstigend, weil ich einfach nicht schnell genug wach wurde, das ist bis heute so. Wenn man mich aus dem tiefsten Schlaf holt, bin ich wie ein verängstigtes Kind. Das geht sicher auch anderen so. Und beim Alarm gehörte dazu, dass alles in großer Hast und Schnelligkeit passierte, ist ja auch der Sinn der Sache. Unangenehm waren die Ausbilder, die überall an den Treppen standen und brüllten: »BEEILUNG, BEEILUNG.« Das ist ein Wort, was übrigens sonst nur im Film vorkommt, im zivilen normalen Leben überhaupt nicht. Was ist das bitte, Beeilung? Die hätten auch rufen können: »Los, los« oder »hopp, hopp« oder »dalli« oder so, aber das war wohl zu wenig dienstlich, sie brüllten immer »BEEILUNG« und hetzten und höhnten dazu herum. Wenn einer vor lauter Hast stolperte und hinfiel, und sein Helm sprang dahin, die ABC-Schutzmaske dorthin, dann lachten sie abscheulich und machten Witze über den Dämlack. Es wurde immer wieder mal Gelegenheit genommen, ein bisschen zu demütigen. Da fühlte sich der Ausbilder plötzlich wieder allmächtig. Unangenehm war auch das anschließende Marschieren, das mir körperlich weiter nichts ausmachte. Aber die Stiefel! Wenn man da mal irgendwie Pech hatte, eine Socke mit Haltungsschaden, ein Stiefelknick an der falschen Stelle – alles, was da nicht glatt war, führte zu Blasen und zum Martyrium.

Sparschuh Und ich hatte so wunderbare Stiefel! Bloß einmal, bei einem Einsatz an der Oder, wir schliefen in der Fahrerkabine, warteten auf irgendein Signal, ging es los, raus-raus-raus, und der zweite Pionier, der mit in der Fahrerkabine schlief, und ich, wir hatten in der Eile die Stiefel vertauscht, nur dass er zwei Köpfe kleiner war als ich. Das war eine der furchtbarsten Nächte. Ich musste Wache stehen, »es steht ein Soldat am Oderstrand«, es war aber eine lausige, eiskalte Nacht, und ich hatte Stiefel an, zwei Nummern zu klein, wollte mich bewegen, um mich ein bisschen warm zu machen, und konnte es nicht, konnte es partout nicht, weil bei jeder Bewegung diese blöden Stiefel drückten und die Blasen schon blutig waren. Am nächsten

Vormittag, als wir wieder klar sahen, latscht der Kleine, ich glaube, der hieß Fred, in viel zu großen Stiefeln heran. Das waren meine. Wir tauschten die Stiefel zurück, und die Sache lief von da an wieder ganz ordentlich. Seltsam, dass man sich dann selbst in ausgelatschten NVA-Stiefeln auf einmal wie zu Hause fühlen kann.

Gewinn fürs Leben?

Sparschuh Sten, stell dir jetzt mal den folgenden Fall vor: ein hoffnungsvoller junger Mensch, sensibel, klug und aufgeschlossen. Und er hat auch wirklich Fähigkeiten, er hat sogar wunderbare sprachliche Fähigkeiten, und er sucht nach der Härte der Wirklichkeit, nach der Herausforderung. Und er steht nun vor der Frage: Wehrdienstverweigerung – oder zum Bund gehen? Sollte man diesem hoffnungsvollen Menschenkind nun einen Tipp geben oder nicht? Und, wenn ja, welchen? Wie würdest du dich da verhalten? Gibt es da, bei all unseren zwiespältigen Erfahrungen, eine eindeutige Antwort? Wir haben ja gemerkt, dass das uns ja schon aus der Bahn geworfen hat, mehr oder weniger aus den Verankerungen gerissen. Und es hat eine Wirkung gezeigt und gezeitigt, über die man auch nur mutmaßen kann, weil vieles subkutan abläuft. Was soll man also einem Menschen sagen, der einen vertrauensvoll fragt, ob diese Erfahrung nötig ist oder nicht?

Nadolny Ich stelle mir hilfsweise die Frage, ob ich selbst heute wieder hingehen würde, wenn ich in H. G. Wells' Zeitmaschine einsteigen könnte. Nein, vielleicht nicht. Es ist zwar eine wichtige Erfahrung, sich in so einem Armeesystem zu behaupten oder wenigstens durchzuwursteln, aber ob mir etwas fehlen würde, wenn ich ungedient wäre – ich glaube, eher nicht. Klar, auch durch Belästigungen und Zumutungen lernt man was. Und die Muschel produziert eine Perle, weil ein eingedrungenes Sandkorn sie ärgert. Jens, die Frage überlasse ich den Philosophen.

Sparschuh Ein Pyrrhussieg der Muschel? König Pyrrhus soll ja mal gesagt haben: »Noch ein solcher Sieg, und ich bin verloren!«

Nadolny Da wäre aber noch die Begegnung mit Leidensgenossen aus anderen Bevölkerungsschichten, wir haben darüber geredet. Sie spricht dafür. Aber deinem jungen Mann würde ich wohl doch nicht unbedingt zum Militär raten, sondern eher zu einem Freiwilligen Sozialen Jahr, wenn es diese Möglichkeit für ihn gäbe. Ich würde ihm jedenfalls raten, es nicht zu eilig zu haben mit Karrierezielen. Nicht gleich nach der Überholspur suchen!

Dienstvorschrift und Wirklichkeit

Sparschuh Wenn ich vielleicht eines gelernt habe bei dieser Armee: Es ist ein Mythos, dass man da zum harten Manne gestählt wird. Disziplin? Mustergültigkeit? Wenn ich an Armee denke, denke ich an Disziplinlosigkeit, an Schlamperei. Joerg Waehner erwähnt in seinem Buch ein wunderbares Beispiel, wo der Feldwebel den Tankstand kontrolliert und die Kiste übertankt ist. Dann sind die da dreißig Kilometer im Kreis um den Kasernenhof gefahren und haben so viel Diesel verbraucht, bis die Tankanzeige genau auf dem Eichstrich steht. Ich glaube nicht, dass man da schrecklich viel fürs Leben lernen kann. Höchstens vielleicht, wenn man Autor von absurden Theaterstücken werden will.

Nadolny Militärische Vorschriften können sehr merkwürdig sein.

Aber Absurditäten gibt es überall, wo Vorschriften herrschen. Oder wo ein Vorgesetzter an irgendetwas festhalten muss, um sein Ansehen zu wahren. Wenn er zum Beispiel nicht zugeben darf, dass etwas von vornherein Quatsch war. Zieht man den Sinn der Anordnung in Zweifel, leidet die Autorität, also lieber das Maul halten. Aber grundsätzlich sind Vorschriften und Strukturen nötig, sie wirken im Allgemeinen auch auf vernünftige Art. Absurditäten fahren halt auf dem Trittbrett mit.

Aufgeräumte, verständige Menschen

Sparschuh Wir sind ja beide in unseren Texten, wenn ich das richtig lese, Freunde von widersprüchlichen Erfahrungen. Rede, Gegenrede – und immer gibt es noch etwas anderes. Ich hatte mal eine Lesung, die führte mich tief in die Lüneburger Heide, nach Munster-Lager. Ich habe mit den Offizieren dort, die im Ruhestand waren und einen Lesekreis betrieben, die wundersamsten Erfahrungen gemacht. Das waren Leute, die hatten das alles hinter sich, betrachteten es schon mit einer gewissen Altersweisheit aus der Ferne. Die hatten einen seltsam praktischen Sinn für Literatur. Mit denen habe ich mich vorzüglich verstanden.

Das war auch schon so ein quasi militärisches Anpirschen: Ich war mit dem Auto dorthin unterwegs und fand es nur schwer, es war also gut getarnt. Nach meinen NVA-Plänen musste die Lüneburger Heide ja irgendwie ein einziges Aufmarschgebiet für die Nato-Panzer sein. Aber inzwischen ...

Nadolny So sah sie nicht aus.

Sparschuh Nein, überhaupt nicht. Ein zauberhaft bunter Mischwald, hundertprozentig romantisch, wo man Hänsel-und-Gretel-Verfilmungen hätte drehen können. Und dann Munster-Lager. Man fährt und fährt und denkt, jetzt kommt gar nichts mehr. Und dann taucht diese verwunschene Stadt mitten aus dem Wald auf. Ich schlief im Offiziersheim und tappelte dann zu der Bibliothek rüber, und da saßen lauter aufgeräumte, verständige Menschen. Immer schön, wenn die Welt anders ist, als man denkt.

Nadolny Also eine Lesung vor friedlichen Majoren und Heidschnucken. Das Kennenlernen von Soldaten unter solch nichtmilitärischen Bedingungen dürfte in der Regel angenehm verlaufen. Man ist ihnen ja nicht dienstlich ausgeliefert.

Grausame Nähe

Nadolny Das bringt mich aber auf einen anderen Punkt: Dieses spezielle Ausgeliefertsein, diese Enge und strikte Hierarchie erlebt man kaum in der Schule und schon gar nicht im Studium. Auch nie wieder danach, außer man landet im Gefängnis. Wenn einer auf der Stube ist, der einfach nervt, allein schon weil er morgens so schrecklich guter Laune ist und rumzwitschert und rumplärrt, wie schön alles sei und wie wunderbar und wie wohl er sich fühle. Oder wenn ein fieser Intrigant sein Unwesen treibt, ein sogenanntes Kameradenschwein – oder Leute, die ununterbrochen Witze erzählen müssen. Da ist man schon mal nervlich durchgescheuert. Oder Leute, die immerzu kläglich in die Gegend schauen, durch nichts aufzumuntern sind und anderen die Stimmung verderben, um sich selber etwas besser zu fühlen. Auch das ist schlechtes Benehmen, und man ist ihm Tag und Nacht ausgesetzt.

Sparschuh Bei mir, ich füge es ganz plebejisch hinzu, war es so eine Mecklenburger Truppe. Das Essen, zum Beispiel, war eine einzige Furz-und-Rülps-Orgie.

Nadolny Man ist eben schrecklich nah beieinander. Auch wenn jemand besoffen aus der Kantine oder aus dem Nachturlaub kommt. Was wurde denn im Nachturlaub gemacht? Einige Glückliche besuchten ihre Mädchen, aber die Mehrzahl war »ohne«. Das Übliche war also Männergesellschaft: Man zog in die Kneipe. In der Nähe unserer Kaserne gab es ein Lokal mit 101 Biersorten, da konnte man sich flott durch die Karte trinken. Ich weiß übrigens gar nicht, wo wir das Geld hergenommen haben, irgendeiner musste halt immer einen ausgeben. Wenn dann einer nachts nach Hause kommt und rumgrölt, sich übergibt, da haben dann alle was davon. Die Psychologie auf so einer Stube, die kann zum Schneiden dicke Luft sein. Man war manchmal sehr böse aufeinander, es gab Prügeleien. Insbesondere wenn einer sich veräppelt fühlte. Junge Männer sind auf irgendeine Weise immer damit beschäftigt, ihre Ehre wiederherzustellen.

Auf der anderen Seite gab es schöne Erfahrungen. Es ist ja in einer solchen Umgebung ein Geschenk, wenn man einem intelligenten, humorvollen Menschen begegnet, der eine andere Dimension in das Ganze hineinbringt. Der einem hilft, das alles nicht so schlimm zu nehmen, einfach weil man sich mit ihm zusammen amüsiert über diesen Quälgeist oder jenen Nervtöter. Ich habe auch unter den Majoren und Oberstleutnants, die auf der Heeresoffiziersschule unsere Ausbilder waren, einige helle, humorvolle Gesichter gefunden. Es gab einen Taktiklehrer, einen Major von Schlippenbach, der vor allem Menschenkenner war. Das war natürlich schon fast wieder höhere Schule; oder dieser Oberstleutnant Krug, der wunderbare Geschichten aus der Geschichte zu erzählen wusste und wie ein Gelehrter war, zumindest ein hochgebildeter Mann. Der hat übrigens wesentlich dazu beigetragen, dass ich anschließend nicht Betriebswirtschaft studiert habe wie geplant, sondern Geschichte.

Sparschuh Unter diesen Bedingungen ist ein Mensch, mit dem man vernünftig sprechen kann, schon so etwas wie ein Ereignis. Fast hätte ich gesagt: »ein besonderes Vorkommnis«.

Nadolny Bei uns war es übrigens verpönt, von »besonderen Vorkommnissen« zu sprechen, die Meldung hieß: »keine Vorkommnisse«. Was irgendwie Unfug war, es kommt doch überhaupt nicht vor, dass rein gar nichts vorkommt.

Sparschuh Korrekt. Im Grunde war alles, schon die verirrte Fliege auf der dreckigen Fensterscheibe, ein Vorkommnis. Musste man ja nicht gleich groß melden, man konnte sich auch still daran erfreuen. Andererseits habe ich bei der Armee den Typ des Lebenskünstlers kennengelernt. Beneidenswert! Jeder Situation gewachsen, durch kein »Vorkommnis«, sei es ein besonderes oder nicht, aus der Ruhe zu bringen. Insofern war der auch den Offizieren leicht unheimlich, die ja gerne immer und überall Hektik verbreiteten. Und das Kontrastprogramm dazu gab es natürlich ebenso: jemanden, der es einfach nie schaffte, nicht aufzufallen. Schätze aber, das ist systemübergreifend so, oder?

Anpassung

Nadolny Es gibt in meiner Erinnerung ein paar Leute, die haben irgendetwas nicht mitgemacht oder neigten dazu aufzufallen, weil sie sich unbewusst dagegen wehrten, zu funktionieren und den Erwartungen zu entsprechen. Ich habe das nicht. Kann sein, dass bei mir eine Begabung zum Opportunismus vorhanden ist und ich aus dem Grunde nie bestraft worden bin. Mir wurde höchstens mal der Nachturlaub wegen schlechten Spind- und Bettenbaus entzogen. Aber mich beschleicht so ein Gefühl, ich hätte ruhig ein bisschen aufmüpfiger sein können. Ichstärker und widerstandskräftiger. Ich hätte einem Unteroffizier, der einen Blödsinn verzapft oder der mich und andere schikaniert hat, vielleicht mal was Deutliches sagen können, auch wenn dann was zurückgekommen wäre. Ich wurde höchstens mal kaum merklich ironisch, der Vorgesetzte war zwar verunsichert, konnte den Fall aber ignorieren. Klar, warum ich darüber rede: weil wir ja alle sozusagen zu spät geborene Widerstandskämpfer gegen Hitler waren. Das ist in meiner Generation so gewesen – später ein wichtiger Bestandteil von »1968«. Dieses Gefühl, nicht weggucken, sondern hingucken, Gesicht zeigen, handeln. Was mich aber gar nicht dran hinderte, ein relativ anpassungsbereiter Soldat zu sein. Das ist jetzt vielleicht ein bisschen zu sehr Selbstbetrachtung, aber es kommen einem solche Gedanken, wenn man zurückblickt und sich fragt, wie war ich? Und dann merke ich: Ich versuchte nicht aufzufallen, machte kaum Fehler, außer dass mich innerlich der ganze Kram nicht interessierte und ich im Ernstfall zweifellos ein schlechter Fernmelder gewesen wäre. Weil ich zwar die verschiedenen Waffen beherrschte, nicht aber alle höheren Fernmelde- und Funkangelegenheiten.

Sparschuh Mit Sicherheit wäre ich auch gerne ein Soldat gewesen, der nicht weiter aufgefallen wäre. Blöderweise war mir das nicht gegeben. Weswegen ich manchmal mit meinem Feldwebel kollidierte, das war aber kein persönlicher Mut, auch keine großartige, etwa politisch motivierte Widersetzlichkeit, nein, es war wohl einfach … unterschiedliches Tempo, anderes Temperament – ich weiß es nicht. Das klappte einfach nicht mit uns. Mal war ich zu spät, mal zu früh.

Liedgut

Nadolny Jens, sollten wir zum Abschluss nicht doch noch über das Liedgut sprechen? Also wir zum Beispiel haben immer das Lied gesungen: *(singt)* »Schwer mit den Schätzen des Orients beladen« – kanntet ihr das auch?

Sparschuh Nee, wir wussten ja nicht mal, was Orient ist.

Zwischenlektüre

Sten Nadolny
Die Geschichte des Funkers Reuter

Der Rekrut Ole Reuter, Anfang Oktober 1962 in die Fernmeldekaserne in Starnberg eingerückt, scheint für den Militärdienst tauglich zu sein. Er ist gesund, belastbar sowie technisch interessiert. Zwar ist er von jeder entschlossenen Kritik durch Vorgesetzte (dienstlicher Begriff: »Anschiss«) leicht einzuschüchtern, neigt ferner zur Verwirrung, wenn die Ereignisse sich überstürzen, aber er besitzt ein Mittel, um binnen Kurzem sein Behagen wiederherzustellen: Er ist ein geübter Tagträumer. Mit offenen Augen, den Kopf auf die Unterarme gelegt, sitzt er in der Nato-Pause (09:35 bis 09:55 Uhr) am Stubentisch und blickt in exotische Welten, rettet sich vor Verfolgern aus großstädtischen Labyrinthen, findet Aufnahme und Versteck bei hilfreichen Menschen, meist schönen Frauen mit sachlichem Lächeln. Er genießt Zärtlichkeiten, ersinnt sich übermenschliche Fähigkeiten, kann unsichtbar werden, durch Wände gehen. Er hört unglaubliche Klavierkonzerte und ist selbst der Solist, sofort aber auch der Dirigent, wenn das Orchester dran ist.

In akut bedrängter Lage verschafft ihm diese Gabe zumindest Linderung. Etwa wenn Ausbilder ihn aufs Korn nehmen, speziell der Zugführer, ein Feldwebel. Dem passt irgendwie sein Ton nicht. Obwohl Reuter sich keine Ironie oder Widersetzlichkeit leistet, im Gegenteil, er versucht, sich anzupassen und in Maßen diensteifrig zu wirken. Reuter fragt sich, ob er da vielleicht die falsche Dosierung gewählt hat. Jedenfalls findet der Vorgesetzte, dieser Rekrut rede mit ihm »von oben herab«. Es ist der alte Argwohn braver Berufssoldaten gegenüber Frischlingen mit Abitur, die zwölf Monate später als »Neckermann-Leutnants« herumlaufen. Immer häufiger gibt es für Reuter Zurechtweisungen, Sonderaufgaben, ja Schikanen. Er ist beeindruckt, sucht die Schuld durchaus auch bei sich selbst. Aber während der Formalausbildung – stillgestanden, rechts um, im Gleichschritt marsch, natürlich mit Soloeinlagen für ihn persönlich – imaginiert er plötzlich, er hebe vom Boden ab. Sofort kehrt das Lächeln, das der Feldwebel für arrogant hält, in sein Gesicht zurück. Erst überragt er die übrigen Soldaten nur um Haupteslänge, dann liegen anderthalb Meter zwischen seinen Schuhsohlen und dem Exerzierplatz, schließlich marschiert Reuter ein ganzes Stockwerk weiter oben. Der Feldwebel lässt halten: »Funker Reuter zurück ins Glied!« Der Rekrut, durchaus willig, bittet gehorsamst, aber sehr von oben herab, man möge eine Leiter heranschaffen. Der Feldwebel verpasst ihm nun einen Anschiss, aber der findet nicht ins Ziel, kommt nicht hoch genug hinauf und fällt auf den Urheber zurück. Jetzt noch größer das Staunen: Der Rekrut steigt immer schneller empor, wird von Höhenwinden erfasst und nach Osten getragen, grüßt vom Starnberger See ein letztes Mal herüber, mit sehr scharfen Gläsern könnte man ihn noch eine Weile im Luftraum über Wolfratshausen beobachten.

Die Beschäftigung mit solch einer Idee kann dem jungen Mann die öden Exerzierstunden angenehm verkürzen, er erarbeitet sich gedanklich jedes Detail. Als der Zug singend zum Kompaniegebäude marschiert, hat Reuter bereits die Überschriften der Zeitungsmeldungen vor Augen: »Rätselhaftes Verschwinden aus dem Glied« zum Beispiel. Während der Putz- und Flickstunde könnte Ole Reuter seine Geschichte notieren und den Gesichtsausdruck des Feldwebels näher beschreiben, aber ebendieser wird gleich Waffen und Gerät kontrollieren, da empfiehlt es sich zu putzen.

Reuters Traumhäuptigkeit macht ihn nicht gerade zu einer Stütze der westlichen Abschreckung. Wenn er zum Stubendienst eingeteilt ist und abends dem Unteroffizier melden soll, die Belegschaft sei vollzählig anwesend, die Stube gereinigt und gelüftet, befallen ihn merkwürdige Konzentrationsstörungen, er beginnt zu sinnen und erfindet die Geschichte von einem Funker, der vergeblich Meldung zu machen versucht.

Selbstverständlich träumt er Träume wie andere auch. Er schwärmt für eine Liesel in Nymphenburg, die er so oft wie möglich besucht. Kamerad Naumann leiht ihm dazu sein Auto, einen VW Standard, bei dem man Zwischengas geben muss, damit die Gänge reingehen, kein Fahrzeug für die Liebe auch sonst.

Jeder versucht auf seine Weise, zum Rekrutendasein eine rettende Distanz zu gewinnen. Da ist Wolf, das Bild eines Zivilisten ohne jedes Pathos, ohne Begabung fürs Zackige, dafür aber schlau, und er lebt mit der Musik. Oder Manfred, der alles, auch notwendige Kritik, mit einem freundlichen, fast entschuldigenden Lächeln vorbringt, unwiderstehlich. Es gibt den Rheinländer Hannes, eine unverwüstliche, alles Bedrückende weglachende Frohnatur, und er kann auch während des Lachens noch verständlich sprechen, ein Meister der Wieherrede. Rüdiger, der geborene Wissenschaftler, verfährt nach dem Grundsatz »Nicht ärgern, nur wundern«. Er blickt staunend in die Welt und versucht, ihre Zumutungen in vorsichtiger Sprache einzukreisen. Jede Gewissheit ist ihm fern, daher geraten ihm auch die einfachsten Feststellungen zur Ironie. Wiederum staunend registriert er, dass er damit frohes Gelächter auslöst.

Die tröstlichsten Freunde sind die unverwechselbaren, und Reuter braucht Trost durchaus, er würde es freilich nie zugeben.

Auf Vorgesetzte macht er den Eindruck von Lernwilligkeit. Er kann perfekt den interessierten Zuhörer eines Hauptmanns geben, während er sich in der Rolle des inspizierenden Brigadegenerals fühlt und dem Hauptmann entschlossen, aber ohne Eile die Schulterstücke abknöpft. So ist auch der Kompanieunterricht zur Inneren Führung für ihn von unerhörten Begebenheiten durchzogen, was zur Folge hat, dass er den simplen Satz »Wachsamkeit ist der Preis der Freiheit« nicht fehlerfrei aufsagen kann.

Anstrengungen verstärken den Effekt noch. Bei der Kampfausbildung im Gelände, die wenig Kampf, aber viel Gelände bedeutet, gelingt es Reuter mühelos, die Aufforderung »Robben, und zwar zehn Zentimeter unter der Grasnarbe!« in Gedanken überzuerfüllen, denn plötzlich ist er weg, untergetaucht. Hat den Satz »Die Erde ist dein bester Schutz« in die Tat umgesetzt wie ein Erdhörnchen. Es wird angetreten, durchgezählt – kein Funker Reuter. »Ausschwärmen, Gelände absuchen!« Aber jetzt verschwindet ein suchender Kamerad nach dem anderen. Sie versinken im Stehen und Gehen und betreten im Erdinneren eine märchenhafte Welt, wo sie die Füße hochlegen und sich eine Zigarette anstecken können – Ole Reuter kredenzt Bier und Obstschnaps. Der Vorgesetzte hingegen trifft eine Stunde später am Kasernentor ein und gibt schwitzend und verwirrt einen Bericht, der niemanden überzeugt. Er behauptet, der Standortübungsplatz sei ein Bermudadreieck. Vom Dreck dort hat man schon gehört, von einem Dreieck nicht. Da der Zug längst vollzählig in der Unterkunft ist, hält Stabsarzt Käfer, der spätere Begründer eines Delikatessengeschäfts, das Ganze für eine Hungerhalluzination – der Feldwebel habe nicht ausreichend gefrühstückt. Man folgt Käfers Diagnose, aber die dienstliche Beurteilung des Feldwebels bekommt einen Kratzer.

Es gibt aber auch Träume, die im Desaster enden, und neuerdings immer mehr davon. Kürzlich, in einer der Nato-Pausen, stieg er durch Zeitsprung zum Leutnant auf, Sekunden später war er Major und dann gleich ein Generalmajor in mitleiderregendem Zustand, denn er alterte rasant, war kurz darauf schon pensioniert, krank und hinfällig. Beschleunigte Lebensläufe lassen sich nicht an ihrer besten Stelle bremsen. Die Pause endete gerade rechtzeitig: Vom Totenbett weg schleppte Funker Reuter sich zum Fernmeldeunterricht.

Es ist eine Frage seiner Tagesform. Manchmal ist er sich selbst zu fremd, will ein anderer werden, irgendetwas nagt an ihm, womöglich Selbsterkenntnis. Die Phantasie trägt ihn zwar auch dann irgendwohin, aber oft nur bis zu jenem Punkt kurz vor dem Tod, wo nur noch das Bekenntnis hilft, dass die Geschichte ausgedacht ist. Ole Reuter gehört zu den Menschen, die dieses Bekenntnis verweigern oder so lange wie möglich hinauszögern – vielleicht fällt ihm ja doch noch eine List ein, durch die sich die eigene Person zusammen mit der begonnenen Geschichte retten lässt. Ein gefährlicher Versuch. Schon mancher hat sich zu spät von einer Geschichte getrennt, die bös endete.

Diese Gefahr hatte sich schon im Unteroffizierslehrgang angekündigt. Da fühlte Reuter sich nach dem Film »König Richard III.« als heimlicher König, als ein sehr böser, der alles beherrscht, den aber keiner kennt. Welche Grausamkeit und Kälte in dem verträumt wirkenden Kameraden wohnten, war für andere nicht sichtbar. Nur wer den Film gesehen hatte, konnte den schlimmen Richard in Reuter erkennen, denn er hinkte wochenlang genau wie der Hauptdarsteller und warf stählerne »Ihr-werdet-mich-noch-kennenlernen«-Blicke um sich. Der Wahn führte nur deshalb noch in keine Tragödie, weil Reuter einen anderen ausbaute: das Schreiben.

Er macht sich neuerdings Notizen und will eine realistische Geschichte vom friedlichen Davonkommen schreiben. Manche Feststellungen will er aber auch in einen Schlüsselroman einbauen, vor dem seine Feinde bereits zittern, sie wissen nur noch nicht, dass er es ist, der ihn schreiben wird.

Aber nun kommt jener Dienstag im Oktober 1962. Aus dem Funker ist inzwischen ein Fahnenjunker geworden, er ist Offiziersschüler in der Schwere-Reiter-Kaserne zu München. Der Tag fängt schon schlecht an. Wie viel lieber hätte der Wissbegierige ihn mit Kriegsgeschichte bei Major v. Heisterbach beginnen lassen, aber nein, es gibt Sport schon am Vormittag. Ein künftiger Vorgesetzter muss nicht nur halbwegs sportlich sein, er muss auch Sportstunden organisieren können. Heute kommt der Oberst zur Besichtigung, eine Ordensbrust namens Hondekötter.

Ausgerechnet an Reuter ergeht der Befehl, Barren- und Langpferdübungen »durchzuführen«, und schon das Wort mag er nicht. Eine Art Choreografie ist verlangt, und Reuter versagt, weil er tagträumt. Auslöser dafür ist der Sprung des Fahnenjunkers Diedenhofer übers Langpferd: Der Mann springt nach gutem Anlauf weit genug, seine Hände patschen auf das vordere Ende des Pferdes, aber nun ist er aus unbegreiflichem Grund unfähig, sich mit den Armen hoch genug hinaufzudrücken, um unbeschädigt jenseits des Pferdes wieder auf den Boden zu kommen. Irgendein Programm in Diedenhofers Kopf schreibt ihm vor, auf dem Pferd Platz zu nehmen, was bei einem so hohen Sprung unsanft geschieht – der Mann klemmt sich an empfindlicher Stelle, sinkt zu Boden und windet sich. Alle sind betroffen, nur der Oberst grinst breit: »Den Sprung sehen wir gleich noch mal!« Worauf Reuter, dem der Kamerad leid tut, sofort die Vorstellung hat, er müsse jetzt »Alle mal herhören!« rufen und den Obersten bitten, selbst einen vorbildlichen Langpferdsprung zu zeigen. Reuter verhält sich zwar still und tut nichts dergleichen, aber die Vorstellung, den Obersten ebenfalls, und zwar mit noch fatalerer Landung fehlspringen zu sehen, beherrscht ihn so, dass er zu klarer Befehlsgebung nicht mehr fähig ist, die Übung endet im Durcheinander. Reuter hat damit zu rechnen, dass seine Führungsqualität demnächst erneut geprüft wird.

Am Nachmittag muss plötzlich die gesamte Offiziersschule auf dem Appellplatz antreten, Oberst Hondekötter hat etwas zu verkünden, das so wichtig ist, dass die Truppe es nicht in bequemer Haltung hören darf, sondern in einer ad hoc erfundenen Variante des Strammstehens. Das hierzu gebellte Kommando lautet: »In den Knien rührt euch!«

Die Soldaten hören, oberhalb der Knie ungerührt, dass weltpolitisch eine ernste Lage entstanden sei, der Russe arbeite daran, Kuba mit Atomwaffen zu bestücken, ein Schlag der Nato liege im Bereich des Möglichen, aber auch ein Einbruch der Roten Armee nach Mitteleuropa. Nur wenn jeder sein Bestes gebe, werde vielleicht das Schlimmste verhindert.

Da ist er, der Tagtraum, aus dem das Entkommen schwer ist. Äußerlich merkt man Reuter nichts an, aber seine Phantasie wird von Kriegsbildern beherrscht. Statt nach Dienst mit den anderen einen trinken zu gehen – in einer Nachbarstube, denn wegen des Alarms darf niemand die Schwere-Reiter-Kaserne verlassen –, sitzt er am Tisch und liest das Kapitel »Abwehr atomarer Kampfmittel« im »Brandt-Reibert«, einem Militärhandbuch für Strebsame. Als die Kameraden gegen zehn wieder zurückkehren, liegt er schon im Bett und schläft. Einer der beschwipsten Gesellen hat die Idee, Reuter einen Streich zu spielen. Er teilt sie den anderen mit, sie glucksen vergnügt. Als alle schon halb entkleidet sind, brüllt der Spaßvogel zweimal »Alarm!«, Reuter schreckt aus seinem Albtraum hoch. Die Kameraden tun so, als ob sie sich gerade an- und nicht ausziehen. Reuter erkennt dumpf, aber unabweislich den Ernstfall. Taumelnd krallt er nach seinen Kleidern, fährt verkehrt herum in die Hosen. »Beeilung!«, ruft der Witzbold zu allem Überfluss. Und Reuter kämpft. Stiefel, ABC-Schutzmaske, Marschgepäck, alles ist störrisch, sträubt sich gegen den dritten Weltkrieg, der Helm lässt sich tückisch vom Schrank fallen und rollt unter den Tisch. Reuter hechtet ihm nach, stößt mit der Stirn hart gegen die Tischkante. Ein Knall, ein unglaublich helles Feuerwerk! »Lichtblitz«, denkt Reuter noch, und sein erlöschendes Gedächtnis rekapituliert, wie die Reihe ordnungsgemäß weitergeht: »Hitzestrahlung, Druckwelle, Sogwelle, radioaktive Strahlung«.

Als er sich wieder zu orientieren versucht, liegt er in einem lichten Wäldchen, an der Stirn getroffen, Streifschuss wohl, und versucht aus dem Unterrichtsstoff von zwölf Monaten zu filtern, was ihn hier retten könnte. Sein Lernhirn schnarrt Sätze wie: »Gegen Luftbeobachtung schützt Nadelwald immer, Laubwald nur, wenn er belaubt ist«, »Viel sehen, ohne selbst gesehen zu werden« oder »Mit Hinterhalten ist jederzeit zu rechnen«. Der Brandt-Reibert, kann er noch retten? Es ist empfindlich kalt. Irgendetwas murmelt, ein Bach? Nein, nichts dergleichen ist in der Nähe, außerdem murmelt es nur ab und zu. Ist es ferner Geschützlärm? Die Front? Doch Reuter meint in dem Murmeln Worte zu verstehen, das ist von Fronten nicht bekannt. Wo ist die Fernmeldetruppe, was meldet sie? Informationsstand: null. Nichts hat der Soldatensender 904 angekündigt, keine fremden Kfz-Kennzeichen wurden gesichtet, nur die Knie haben was geahnt. Reuter erhebt sich vorsichtig, bewegt sich auf wackligen Füßen in Richtung jenes Gemurmels.

Morgen ist das Treffen mit dem Schriftsteller. Ich fürchte es mehr als seinerzeit die gesamte Rote Armee nebst der überlegenen Dialektik von NVA-Teufeln wie Sparschuh. Schon lange wirft der Termin seine Schatten voraus. Ich fürchte, oder besser ich weiß, dass ich die Fragen dieses Schriftstellers nicht werde beantworten können. Thema »Wofür wir dienen«. Das wird beinhart werden, und er wird noch dazu alles aufschreiben.

Ich muss mich vorbereiten, aber wie?

Am wirksamsten ist das autobiografische Argument: »Wer wie ich vor Dessau gelegen hat, der weiß …« oder: »Nach dem Durchbruch der Roten beim sogenannten ›Wunder an der Mulde‹ mussten wir uns innerhalb von zwölf Stunden bis hinter Bebra zurückziehen – wissen Sie, was das heißt, junger Mann?« Auf den »jungen Mann« muss ich verzichten, der Autor ist so alt wie ich.

Vor mir ein Packen Papier, aber das Schreiben fällt mir schwer, immer schon, oder nein, präzise seit der Kubakrise und dem Beginn des Krieges. Andere haben Tagebücher geführt, können daraus Vorträge halten ohne Ende. Ich konnte stets nur sehr begrenzte Zusammenhänge zusammenfassen, alle größeren entzogen sich mir, weil sie Deutung verlangten. Den Verlauf eines langen Krieges wiederzugeben, das schafft man nicht, ohne zu sagen, worum es in ihm ging – und das ist mir leider entfallen. Sein Beginn, 1962, ist jetzt siebenundvierzig Jahre her, und selbst seit seinem Ende sind es schon wieder fast zwanzig – ich kriege den Verlauf nicht mehr zusammen. Wer daran interessiert ist, sollte in den Geschichtsbüchern nachlesen. Die wichtigste Frage wird auch dort nicht beantwortet: Warum dienten wir?

Ich überlege, ob ich den Osten anrufe, Sparschuh zum Beispiel. Der erkennt bei allem, was es unter besseren Umständen hätte werden können. Sparschuh ist unfähig, irgendetwas nicht zu verstehen (Philosoph, Leningrad). Es gelingt ihm aber jedes Mal zuverlässig, das Ausmaß seines Verstehens zu verbergen (Taktik, Selbstschutz). Auf ihn komme ich noch zurück.

Der Kriegsverlauf: für mich nur noch ein Geflacker im Nebel.

Ich erinnere mich daran, wie ich nach Lichtblitz und Streifschuss als Versprengter zu meiner Truppe zurückfand, obwohl auch dort definitiv keiner murmelte. Da Stabsarzt Dr. Kaiser (der begabte Bruder des Musikkritikers und Nachfolger Käfers) für mein Leiden keinen Namen hatte, blieb ich dienstfähig und las in einer völlig überflüssigen Richtfunkstation den Roman »Hunde, wollt ihr ewig leben?«.

Der Krieg, lässt sich summieren, hielt nicht, was er versprochen hatte. Erstens brach er überhaupt aus, das war enttäuschend. Zweitens ging er nicht schnell vorüber, sondern fand jahrzehntelang immer noch einen weiteren Bleibensgrund. Ich hatte immer höhere Kommandos zu übernehmen, obwohl ich stets betonte, Kriegsdienstverweigerer zu sein. Alle lachten nur noch: Wer den Kriegsdienst verweigern will, wird so lange befördert, bis er aufgibt. Ich haderte mit meinem Schicksal. Nur Naumann, der treue Kamerad mit dem VW Standard, blieb an meiner Seite, wohingegen andere aus der Heeresoffiziersschule, ursprünglich lautere Charaktere, mir mit den Jahren zweifelhaft wurden. Tom zum Beispiel, ein schlanker Jüngling mit strahlendem Lachen, der jederzeit Sachlichkeit mit Scharfsinn und Hintersinn zu verbinden wusste, er wäre ein vorzüglicher Stratege gewesen, stattdessen arbeitete er jetzt als Rechtsanwalt, der Krieg fand ohne ihn statt. Da war Christoph, ein Adliger, der zwar noch zur Truppe zählte, sich aber jedes Mal zu einer Soirée abmeldete, wenn es hart auf hart ging. Oder die kriegsbegleitenden Zivilisten, die als Unabkömmliche auf hohen Posten in Elektronikfirmen und Versicherungen saßen (im modernen Krieg siegen Elektronikfirmen und Versicherungen, Letztere, weil sie bei höherer Gewalt nichts zahlen müssen). Dann die Playboys mit den Nadelstreifen unterm Drillich. Wenn ich an den Kameraden Ralf denke, einen kühlen Skeptiker, mit seinem niedrigen Blutdruck zum unbestechlichen Spezialisten wie geschaffen: Er erschien während des Krieges jedes Jahr mit einem höheren Dienstgrad – irgendwann war er Oberst und mein Vorgesetzter, schließlich sogar Vier-Sterne-General der Reserve. Er hatte wegen fortgesetzten zivilen Aufsteigens in der Industrie technisch mehr Ahnung als wir Frontschweine. Während wir im Schlamm vor Dessau lagen, gesellte er sich in tadelloser Garderobe kurz dazu, gab uns Aufträge, vermied mit mildem Lächeln das Wort »Befehl« und behauptete, er sei nur auf Wehrübung.

Das Leben krankt am Strukturellen. Was nützt es, wenn einer dein alter Freund ist, aber jetzt leider General. Wenn er dir nervösem alten Hauptmann mit Bandscheibenschaden und Fortbildungslücken haushoch überlegen ist, und das auch noch auf unendlich diskrete Weise, das ist das Schlimmste, so entstehen Sinnkrisen.

Ich versuche es jetzt mit Jahreszahlen.

1968 ging es hin und her. Erst hin, dann her, denn die roten Truppen brachen erst bei uns ein, nachdem wir bei ihnen eingebrochen waren – sie waren heimtückisch zurückgewichen, um ihre Ideologie vom bösen Westen zu untermauern. Nach unserem Vormarsch glaubten wir endlich zu wissen, warum wir dienten. Oberst Hondekötter knurrte sich darüber im Fernsehen mit einem bekannten Autor herum, der soeben die Literatur für erledigt erklärt hatte, um selber desto fleißiger Gedichte zu zaubern. Mit einem davon verwandelte er den Obersten in einen Bullterrier und heuchelte noch Mitgefühl: »Lieber Herr Oberst, wie konnte denn das geschehen?« Hondekötter hatte nun Hängebacken und ließ ausschließlich Gebell hören, bis heute hat sich das nicht geändert.

1970 begann ich, mich über die Dauer des Krieges zu wundern, und zwar so sehr, dass ich mir die Haare wachsen ließ. Man beförderte mich zum Major unter der Bedingung, dass ich zum Friseur gehe. 1975 bekam ich den Spitznamen Oberst Murmel, weil ich zur Begründung jeder Entscheidung angab, ich hätte was murmeln gehört. Manche Entscheidungen waren richtig, manche falsch. Die Wissenschaft beschäftigte sich mit mir, ein gewisser Julian Jaynes begann nach längerem Praktikum als mein Leibbursche sein Buch »Die Entstehung des Bewusstseins aus dem Zusammenbruch der bikameralen Psyche« – ich war sein heimliches Beispiel für eine vorbewusste, von permanentem Murmeln gesteuerte Rechtshirnigkeit. 1980 wunderte ich mich noch immer über das Nichtendenwollen des Krieges, zog daraus aber keine Konsequenzen mehr, oder doch: 1982, nach der glücklichen Gefangennahme des berüchtigten NVA-Sparschuh mit seinen 500 Studentinnen, wandte ich mich unter Absetzung des Hängolintees dem Sexismus zu. Auch Jaynes hatte mir das vorausgesagt.

Wichtiger war aber die Begegnung mit Sparschuh selbst. Er hatte sich freiwillig ergeben, ich witterte also zunächst Unrat: »Sparschuh, Sie hier?«, begrüßte ich ihn. »Wollen Sie mich beraten, versorgen oder verraten?« Er sagte nur: »Reuter, kein Wort! Jedes Wort ist eine Waffe. Schweigen wir!« Ich führte dennoch ein langes Gespräch mit ihm, in welchem ich aus Bequemlichkeit so tat, als hätte ich von DDR, Stasi und Mauer noch nie etwas gehört. Er war, wie ich mit Genugtuung feststellte, etwas irritiert darüber, beruhte doch die weltweite Beispielhaftigkeit seines Staates auf solider, manchmal geradezu vernunftförmiger Unterdrückung. Ich war vor allem daran interessiert, mich unter den Studentinnen umzusehen. Sparschuh aber, ein Bremser von Schwejk'scher Genialität, suchte meine Intelligenz mit Schachproblemen zu fesseln, beschäftigte mich etwa mit den Raffinessen seiner schwarzen Dame, nur damit seine Mädel entkommen konnten.

Es war, blieb und ist unglaublich, wie viel Zeit man in einem langen Krieg hat. Auch Sparschuh wunderte sich über die Länge. Er hatte ursprünglich angenommen, seine Truppe werde die Bundeswehr nur acht Minuten lang aufhalten können, und ich war überzeugt gewesen, dass es genau umgekehrt käme. Ich stellte viele Übereinstimmungen mit seinen Ansichten fest. Wir wussten vor allem beide, dass es nur darauf ankam, endlich aus dem Schmutz herauszukommen. Diese Einsicht ging über Krieg oder Nichtkrieg weit hinaus.

Im Herbst 1989 fiel uns das Glück in den Schoß, weil ein leitender gegnerischer Funktionär uns öffentlich Reisefreiheit zusagte. Wir nutzten sie und marschierten bis Frankfurt an der Oder, wo ich im Stadttheater einen Flügel fand und mich an Brahms' Opus 15 versuchte. Irgendjemand sagte: »Herr General, Sie sollten besser nicht Klavier spielen, noch gibt es den Feind!« Feind, bei einer Siegesfeier? Ich dachte zunächst an den örtlichen Musikkritiker. Der Waffenstillstand war tatsächlich zunächst fragil, konnte jederzeit wieder in Feindseligkeit umschlagen, wir blieben eine Weile auf der Hut. Letztlich hat Adenauer mit hundertdreizehn Jahren den Krieg gewonnen, weil er weder starb noch abdankte. Sein schieres Verbleiben im Amt hatte Gewaltcharakter, es war die Waffe, mit der niemand gerechnet hatte. Am 3. Oktober 1990 erreichte er dann die Wiedervereinigung, und ich wartete vergeblich darauf, dass mit ihr das Gemurmel in meinem Kopf aufhörte, dieses endlose Gebrummel wie von einem, der sich Notizen machte. War mein gesamtes Leben nur ein Traum, aufgeschrieben von einem Nachrichtendienst für Phantasien und Gedanken?

Morgen soll ich also mit diesem Autor reden. Hat man mich deshalb so lange im aktiven Dienst gehalten, weil das noch nicht erledigt ist? Ich bin jetzt immerhin siebenundsechzig Jahre, nicht mehr so recht im wehrfähigen Alter. Wir schreiben 2009, auch der Friede ist in die Jahre gekommen, und ich zumindest werde vergesslich.

Das war der Versuch meines privaten »Ploetz«. Ein Geschichtshandbuch dieses Namens hat die vielsagende Bezeichnung: »Auszug aus der Geschichte«.

Autor Reuter (er hat denselben Namen wie ich) ist ein durch und durch unverständlicher Schriftsteller. Wenn er etwas fühlt, dann immer auch zugleich das Gegenteil davon. Als ihm vor Jahren jemand seelische Undurchsichtigkeit vorwarf, beschied er ihn folgendermaßen: »Es genügt, wenn ich Sie verstehe. Wenn Sie mich auch noch verstünden, wäre das eine Katastrophe.«

Und mit dem soll ich reden! Ich bin bange, was er vorhat. Zum Beispiel möchte ich meinen Ruhestand nicht als Hund verbringen.

Das Buch ist fertig, es ist schon lange fertig. Er könnte allmählich kommen. Der Schlaf meiner Vernunft gebar den Soldaten Reuter, und jetzt kommt er nicht. Ich starre auf die Tür, nein, auf die Klingel, als könnte ich sie überhören, wenn ich sie nicht im Auge behalte. Nichts.

Oder war es nicht der Schlaf der Vernunft, sondern ein Traum von Vernunft, der Traum der Vernunft schlechthin? Ich bin sicher, dass das Nachdenken über Abrüstung purer Vernunft entspricht, aber damit vielleicht einem Traum. Es gibt einen behäbigen, ewigen Streit darüber, was mehr Ungeheuer gebiert: die sacht entschlummerte oder die ihren Traum austobende Vernunft. Mein Schulkamerad Ratzinger, der etwas vom Teufel versteht, assoziiert seine Lieblingsungeheuer eindeutig einem Vernunfttraum ohne Gott. Ich bin mir da nicht so sicher. Aber er war in Traunstein einige Klassen über mir, er hat vieles noch anders gelernt.

Jetzt könnte er mal kommen, der hochdekorierte Namensvetter Reuter.

Was wird er sagen, wenn ich ihm gegenübersitze wie der personifizierte Morast des Zivillebens? Reuter ist so alt wie ich. Weiß er überhaupt, was ein Schriftsteller ist?

Mein Weltkriegsroman ist, soweit man das schon absehen kann, ein Glücksfall (Verleger tanzt auf dem Tisch, Champagner für alle). Die politisch Korrekten halten ihn für politisch korrekt, die Unkorrekten für mutig oder eine Offenbarung. Jeder fühlt sich im Innersten angesprochen, man kannte so etwas bisher nur von Führerreden. Und jetzt kommt er nicht – Moment! Da ist er doch. Ich schalte das Tonbandgerät ein und gehe ihm entgegen.

»Guten Tag, Herr General.«

»Guten Tag, Herr Dr. Reuter.«

»Wie war die Hüftoperation?«

»Danke, danke.«

»Und was macht die Gicht?«

»Wollen wir so fortfahren?«

»Nein, kommen wir lieber zu mir: Wissen Sie, was ein Schriftsteller ist?«

»Ein Berufsdemonstrant für etwas, was niemand außer ihm selbst für wichtig hält. Aber es gibt immer jemanden, der das unterhaltsam findet.«

»Ich sehe, Sie haben sich vorbereitet. Kennen Sie Kurt Kusenberg?«

»Mein Lieblingsschriftsteller.«

»Kennen Sie seine Geschichte ›Der Türke‹?«

»Die nicht. Es kommt doch hoffentlich kein Hund darin vor? So gegen Ende, nein?«

»Nein. Ich habe hier Spaghetti Bolognese, möchten Sie auch?«

Wir essen. Ich fange wieder an:

»Ich erkläre Ihnen diese Kusenbergiade. Der Autor hat eine Geschichte geschrieben, die ›Der Türke‹ heißt, und dann wartet er, dass er kommt. Und dann kommt er tatsächlich.«

»Ach, die kenne ich. Aber sie geht anders: Der Autor will die Geschichte erst noch schreiben, deshalb wartet er auf den Türken. Der schließlich doch kommt, sie reden über alles Mögliche, aber nicht über das, was der Autor hören will und braucht.«

»Das soll uns heute nicht passieren – fangen wir an! Sie wissen vermutlich, was jetzt kommt und warum Sie hier sind.«

»Nein, und ich bin strikt dagegen.«

»Blicken Sie der Wahrheit ins Auge!«

»Sie bestimmen also darüber, wer real und wer erfunden ist?«

»Ja, und auch alles, was Sie wissen, ist erfunden. Wie alt ist Adenauer heute?«

»Moment – hundertdreiunddreißig Jahre!«

»Er ist vor zweiundvierzig Jahren gestorben. Steht in jedem Lexikon! Nur bei mir lebt er ewig.«

»Sie sind schon penetrant, wissen Sie.«

»Herr General, ich verstehe Sie ja.«

»Es reicht schon, dass ich Sie verstehe. Wenn Sie auch noch mich …«

»Gut, dann haben Sie unsere besondere Beziehung verstanden. Das Buch ist jetzt fertig …«

»Sie haben …«

»Nein, sagen Sie jetzt nichts. Sie wollen auf das Murmeln hinaus, nicht wahr? Das war ich. Ich murmle beim Schreiben, ich kann es mir nicht abgewöhnen.«

»Sie haben da etwas am Kinn …«

»Oh! Also: Sie können nun mein Leben weiterleben, sozusagen meine Rolle übernehmen, denn ich habe vor, die Bühne zu verlassen. Sie tauschen biografisch siebenundvierzig Jahre Militär gegen siebenundvierzig Jahre Zivilleben aus. «

»Jetzt haben Sie die Nudel …«

»Was, immer noch?«

»Auf der Stirn wie ein Kainszeichen!«

»Danke. Es gäbe eine Alternative, aber ich bin dagegen, denn ich könnte mich dann nicht zurückziehen. Für Sie hieße das ›zurück auf Anfang‹ – Sie wären wieder auf Stube, im Herbst 1962 unter dem Tisch auf der Jagd nach Ihrem Helm. Der Krieg unterbliebe. Sie müssten sich siebenundvierzig Jahre lang vorwiegend zivil entwickeln, immerhin mit der Chance, es besser zu machen als ich. Aber nichts ist garantiert, auch nicht, dass Sie Schriftsteller werden und auch nur einen Leser finden …«

»Hier ist meine Entscheidung. Aber bitte entfernen Sie zunächst diese Nudel! Vielen Dank!«

Reuter kommt unter dem Stubentisch wieder zu sich, greift nach dem Helm und hört ein Murmeln und Kichern. Er erkennt sofort die Stimmen von Günter und Hajo. Jetzt weiß er, dass Günter zum Spaß »Alarm« gerufen hat. Er springt auf und stößt sich noch mal am Tisch. Die andern können sich vor Lachen nicht mehr halten. Ole Reuter ist unfähig, die Situation komisch zu finden, sein Humor ist oft etwas langsam. In anderen Dingen ist er schneller.

Hier muss eine Eigenheit Reuters nachgetragen werden, die bisher unerwähnt blieb: Hin und wieder befällt ihn eine vernichtende Wut, sie kennt keine Grenzen. Sie macht Reuter für Minuten völlig furchtlos, sein Sinn für Kräfteverhältnisse verflüchtigt sich, es wachsen im selben Moment die Überzeugung, das Angemessene zu tun, und die suizidale Verwegenheit, es schnell zu tun. Die leichte Brigade ist nicht mehr aufzuhalten, sie reitet geradewegs in Richtung der stärksten feindlichen Batterie. Das bedeutet hier, als Ole wieder auf den Füßen steht, dass er auf Hajo losgeht, weil der von allen am herzlichsten lacht. Leider ist dieser aber auch der stärkste Mann der ganzen Inspektion.

Die Sache könnte für den Funker Reuter Folgen haben, die dem Beginn eines Krieges recht ähnlich sehen. Begeht er einen Mord? Was lernt er im Gefängnis, was wird er können, wenn er es wieder verlässt? Wenn er sich hingegen jetzt ein blaues Auge holt, dann wird er vielleicht Schriftsteller. Aber wird er die Wahrheit schreiben? Besser gefragt: Was wird er aus ihr machen?

Das ist eine neue Geschichte.

IV

Schätze des Orients

Sparschuh Sten, vorhin hat das Gerät sich aus höherer Vernunft selbst abgeschaltet, als du gesungen hast. Aber jetzt ist es wieder voll aufnahmefähig. Ich würde dich ganz herzlich bitten, für mich und meine ungeübten Ohren dieses schöne Lied zu singen. Es ist mir übrigens völlig unbegreiflich, warum die Bundeswehr mit Schätzen des Orients unterwegs war. Aber egal. Sing es doch einfach mal ganz.

Nadolny Ja, das hat weder mit dem Auftrag der Nato noch, glaube ich, überhaupt mit Militär zu tun. Der Text lautet:

(Singt)

Schwer mit den Schätzen des Orients beladen,
ziehet ein Schifflein am Horizont dahin.

Und dann geht es irgendwie weiter, »da stehet auch ein Mädchen am Ufer des Meeres« und blickt dem Schiff nach, glaube ich. Ich weiß ja meist nur noch die ersten zwei Zeilen eines Liedes. Also dieses handelt wohl von Abschied und Herzeleid. Ein offenkundig orientalisches Liebchen muss am Ufer zurückbleiben. Mir haben es hauptsächlich die Schätze angetan.

(Singt)

Schwer mit den Schätzen des Orients beladen,
ziehet ein Schifflein am Horizont dahin.

Ratsch, ratsch, ratsch, ratsch, das sind jetzt die Stiefel, die Schritte. Und weil ich ja nicht weiterweiß.

Es gab noch ein Lied, das hat uns immer vor Probleme gestellt. Das hieß: Jörg von Frundsberg. Also das ist der Landsknechtsführer Jörg von Frundsberg.

Sparschuh So fünfzehntes, sechzehntes Jahrhundert etwa?

Nadolny Ja.

Sparschuh Und was hattet ihr mit dem zu schaffen?

Nadolny Wir gar nichts. Bekannt ist nur, was er am Eingang zum Reichstag in Worms zu Martin Luther gesagt hat: »Mönchlein, Mönchlein, du tust einen schweren Gang.« Das Lied ist eine Besonderheit, es blickt nicht siegesgewiss einer Schlacht entgegen, sondern mit gemischten Gefühlen auf eine zurück. »Jörg von Frundsberg führt uns an / der die Schlacht gewann.« Und später wird auch das Schlachtfeld beschrieben: »Alle Blümlein stunden rot / heißa, wie schneid't der Tod.«

Sparschuh Mamma mia.

Nadolny Aber was ich sagen wollte: Das Lied hat die Macke gehabt, dass man es immer falsch angestimmt hat. Man muss es nämlich sehr hoch anstimmen:

(Singt)

Jörg von Frundsberg führt uns an. Tra lalala lalala lala.

Und wenn die vorderste Rotte das zu tief angestimmt hat, dann sangen wir:

Jörg von Frundsberg führt – tja, das »uns an« war dann schon im unerreichbaren Keller. Da kam der ärgerliche Befehl: »Lied aus! Neu anstimmen!« So ist man immer abhängig von denen, die da vorne ihr Glück versuchen.

Sparschuh Ich kann mich für unseren Part nur an den ewigen Himmel Spaniens erinnern: »Die Heimat ist weit, doch wir sind bereit...« Und dann gab es ein Lied, das kannten wir alle noch aus der Schulzeit, das ging: »Soldaten sind vorbeimarschiert, im gleichen Schritt und Tritt. Wir Pioniere kennen sie und ziehen fröhlich mit.« – Das waren aber jetzt, wohlgemerkt, die kleinen Pioniere, die mit dem Halstuch. – Dieses Lied wurde dann von uns, also den großen Ponton-Pionieren, auch mit entsprechend finsteren Mienen immer wieder gesungen: »im gleichen Schritt und Tritt, wir Pioniere kennen sie und ziehen fröhlich mit.«

Nadolny Also vom Text her klingt das doch ganz nett. Dasselbe gilt auch für ein berühmtes Lied, das bei uns verboten war. Es wurde selbstverständlich trotzdem gesungen, weil die Feldwebel es besonders liebten. Das war der »Westerwald«, wie ging das noch mal, den ganzen Text weiß ich nicht mehr, es läuft hinaus auf den Refrain:

»Oh du schöner Westerwald, über deine Höhen weht der Wind so kalt, doch selbst der kleinste Sonnenschein dringt tief ins Herz hinein.«

Es ist ja immer fantastisch, was für ein glühender Kitsch in diesen Marschliedern steckt. Übrigens, zwischen »schöner Westerwald« und »über deine Höhen« war eine Pause zu lassen, zwei Schritte ohne Liedtext, da ließ sich halblaut dazwischensingen »Scheißformalausbildung!« Man gönnte sich ja sonst nichts.

Sparschuh Finde ich gut, dass man auch Pausen sinnvoll nutzt – wobei ihr euch da natürlich ganz schön beeilen musstet: die ganze »Scheißformalausbildung« in einem Doppelschritt unterzubringen.

Nadolny Das ging ganz ohne Beeilung.

Sparschuh Kompliment!

Nadolny Oder dann war auch noch eines, Moment, doch, das war sogar erlaubt. Das »Panzerlied«. Ich will mich jetzt nicht zu sehr hervortun, aber dieses Lied bring ich noch zu Gehör:

(Singt)
Ob's stürmt oder schneit, ob die Sonne uns lacht,
der Tag glühend heiß oder eiskalt die Nacht,
verstaubt sind die Gesichter, doch froh ist unser Sinn,
es braust unser Panzer im Sturmwind dahin.

Sparschuh Sten, du wächst über dich hinaus!

Nadolny Und die nächsten Verse haben es nach meiner Erinnerung sehr in sich, weil es grausam pathetisch wird:

(Singt)
Trifft uns die Todeskugel, ruft uns das Schicksal ab,
dann wird unser Panzer ein ehernes Grab.

Sparschuh Ich hätte jetzt irgendwie eher auf »stählernes Grab« getippt.

Nadolny Ich auch. Ich weiß gar nicht, was »ehern« chemisch genau bedeutet. Also, solche Lieder brüllten, schmetterten wir fröhlich in die Frühlingsluft und dachten uns nicht viel dabei. Ich habe da eigentlich immer ganz gerne gesungen. Es gefiel mir, aus einem blöden Lied durch Brüllen etwas vollkommen Unverständliches zu machen. Das war ein Akt der Zerstörung. Ich brüllte das Lied sozusagen nieder. Was dann tot war, war das Lied, aber ich war munterer. Ist heute noch mein Trick, wenn ich nachts mit dem Auto unterwegs bin und müde werde: das »Panzerlied« brüllen.

Sparschuh Aber »Erika« stand bei euch nicht mehr auf dem Programm, oder? Das war auch verpönt als NS-Lied wahrscheinlich.

Nadolny »Erika?« Daran kann ich mich nur sehr dunkel erinnern. Irgendjemand hat es mal gesungen auf der Stube, glaube ich. Weil er es vom Papa gelernt hat, nehme ich an. Ob der Vorname Erika durch das Lied so selten geworden ist?

Sparschuh Kann schon sein. – Traditionsstiftend und identitätsbildend gab es bei uns ein Lied, das mir bis heute einen kalten Schauer über den Rücken jagt, »Die Partisanen von Amur«:

»Durchs Gebirge, durch die Steppe zog
unsere kühne Division,
hin zur Küste dieser weißen, heiß umstrittenen Bastion.«

Der Witz bei dem Lied ist, es wird ganz leise angefangen, dann, im Mittelteil dieses Triptichons, wird es gebrüllt, bis du nicht mehr kannst. Und am Ende wird es wieder leise. Die musikdramaturgische Deutung: Es zeigt uns akustisch eine vorüberziehende Partisaneneinheit.

Nadolny Das wollen wir doch jetzt mal hören.

Sparschuh Das Lied ist so schön, dass ich es dir leider nicht vorsingen kann. Schon gar nicht solo. Lassen wir es lieber ruhen.

Aber gut, wenn man schon nicht singen kann, darf man sich doch wenigstens was wünschen, oder? Das war jetzt nicht in der Armee, sondern bei einem Zivilverteidigungs-Lehrgang. Es gab da so einen Radiosender, der hatte Wunschkonzert im Programm, und wir sollten oder wollten uns daran beteiligen. Ich wünschte mir für unsere Stube was aus Nabucco. Jetzt rate mal, was?

Nadolny Den Gefangenenchor?

Sparschuh Genau, den!

Der ZV-Hauptmann las das, weil wir das als gesamte Stube abgaben, jeder hatte das unterschrieben – und der schielte mich so völlig undefinierbar von der Seite an: »Gefangenchor« – was hat das jetzt wieder zu bedeuten? Ich glaube, die Postkarte ist damals sogar abgegangen. Ob allerdings jemals auf besonderen Wunsch der Teilnehmer des Lehrgangs soundso, irgendwo auf freiem Feld, in der Nähe von Querfurt, der Gefangenchor aus Verdis Nabucco zu hören war, das weiß ich nicht.

Bild des Krieges

Sparschuh Sten, hast du mal das Buch von dem Münkler gelesen? Dem Historiker Münkler von der Humboldt-Universität?

Nadolny Herfried Münkler, weiß ich, aber nicht gelesen.

Sparschuh Herfried Münkler. Es ist ja doch anachronistisch, woran wir uns erinnern, wie wir Drähte verzogen haben, wie wir in Reih und Glied gestanden haben. Und Münkler vertritt nun die These, dass ein Großteil der Probleme bei militärischen Konflikten in unserer heutigen Welt damit zusammenhängt, dass die klassische Armeesituation nicht mehr gegeben ist. Also: Ein Land erklärt dem anderen den Krieg, dann kommt es vielleicht zu einem Waffenstillstand, dann zum Friedensvertrag. Das gibt es alles nicht mehr. Es gibt Milizen, teilweise vermummt, in Phantasieuniformen. Das Gegenüber in modernen Kämpfen ist kaum mehr mit einer Armee, so wie wir sie erlebt und verstanden haben, zu vergleichen. Deswegen gelten auch viele Normen und Regeln nicht mehr, die es früher gab. Egal, ob die nun eingehalten wurden oder nicht, man konnte wenigstens daran appellieren. Ohne ein satisfaktionsfähiges Gegenüber kann man das nicht. Das, was klassische Armee war, inklusive der bekannten Territorialkriege, wird ja tendenziell seltener.

Nadolny Ja, das Kriegsbild hat sich immer wieder geändert, von Krieg zu Krieg. Wir haben es jetzt tatsächlich nicht mit kompatiblen Gegnern zu tun, sondern – bei Auslandseinsätzen der Bundeswehr zum Beispiel – mit chaotischen Bürgerkriegssituationen, die sehr explosiv sind. In denen alles Mögliche passieren kann und die in starkem Maß durch Einzeltäter, Selbstmordattentate geprägt sind. Wahrscheinlich muss sich jede Armee heutzutage vor allem darauf einstellen. Trotzdem, um ein Land zu besetzen, um einen Zustand herzustellen, in dem wieder geredet und gewählt werden kann, so zynisch das auch klingt, wird man Streitkräfte leider brauchen.

Sparschuh Sten, etwas ganz anderes: Wir haben kurz darüber gesprochen, dass es vielleicht auch ganz interessant sein könnte zu fragen, ob diese Armeezeit bei uns in Texten Niederschlag gefunden hat. Unmittelbar und mittelbar. Unmittelbar dadurch, dass Erlebnisse aus der Armeezeit irgendwie in die Biografien unserer Helden eingeflossen sind, und mittelbar über diese seltsame Balance zwischen Freiheit und Ordnung, die wir da selbst austarieren mussten. Ich denke an deinen Alexander im »Selim« und meinen Eckermann in »Der Große Coup«.

Gediente Schriftsteller

Nadolny In beiden Fällen herrscht eine gewisse Faszination durch Dinge, die funktionieren, durch Ordnung. Das Militär, zu allen Zeiten übrigens, ködert junge Menschen dadurch, dass es scheinbar glänzend funktioniert. Nicht nur, weil das äußerlich so hübsch aussieht mit den Uniformen, gewichsten Stiefeln und blitzenden Waffen, sondern weil ein Können damit verbunden ist, das man sich erst erwerben muss. Wenn man es dann hat, ist man stolz darauf, so einfach ist das. Das kann Fechten sein, Schießen, Reiten oder das Bedienen eines Funkgeräts. Auch das, was man kann, wenn man etwas gehobenere Positionen erreicht, also zum Beispiel des Gefreiten oder des Unteroffiziers oder womöglich mehr. Da lernt man ja so etwas wie Einsatzgrundsätze, Organisatorisches. Davon ist man angetan, man denkt mit und denkt sich auch noch selber was aus. Und auch wenn man an der Vernunft des Krieges zweifelt: Ist er erst mal da, dann kann die Frage nicht sein: Wie führe ich ihn möglichst schlecht? Sondern dann möchte man mehr Gegner sterben sehen als eigene Leute. Ein grausames Nullsummenspiel, dessen Regeln dann nicht mehr zu ändern sind. Und es gibt noch etwas anderes: den Bewährungshunger der jungen Männer. Da ist das Leben in der Kaserne, der Alltag der Ausbildung, du gehörst zur kasernierten Armee, und es ist stinklangweilig. Dabei hast du so viel gelernt. Die ganzen tollen Geräte und Waffen liegen da. Da können junge Leute schon auf den Gedanken kommen: Wenn doch der Krieg endlich losginge. Es gibt einen tollen Film von Tony Richardson: »Der Angriff der leichten Brigade«, wo das wunderbar geschildert ist. Wo ein ehrgeiziger Bilderbuchheld seine Einheit in einen Angriff hineintreibt, indem er zur Unzeit losreitet. Die anderen reiten hinterher, und es wird zu einer kompletten Katastrophe.

Sparschuh Ich sehe da auch eine Gemeinsamkeit zwischen uns. In anderen Militärbeschreibungen haben wir oft eine Situation der Kameraderie. Aber sowohl dein Alexander als auch mein Eckermann sind beides Leute, die ein bisschen von außen auf die Situation gucken. Es gibt zwar eine gewisse, in unterschiedlichem Maß ironisch gebrochene Faszination, aber bei diesem Alexander spürt man, dass die Liebe zum Militär durchaus platonische Züge trägt. Mit den objektiven Augen eines Stabsfeldwebels betrachtet, ist auch der Alexander nicht ganz zu Hause in der Bundeswehr. Ich sehe ihn als jemanden, der mit Hingabe und Liebe seine Vorschriften auswendig lernt, fast schon als Streber gilt, aber der richtige Soldat, der zeigt ihm dann doch nur einen Vogel, tritt die Tür mit dem Fuß auf und zieht mit schweren Stiefelschritten von dannen, oder?

Nadolny Ja, Alexander entspricht zweifellos nicht soldatischen Standards. Ich selbst tat es auch nicht, und die Bundeswehr blieb mir im Grunde fremd. Ich war immer schon damit beschäftigt, mich geistig zu bereichern, oder besser: zu amüsieren, zum Beispiel ulkige Wörter zu sammeln und ulkig anzuwenden. Ich hatte wenig Interesse an dem, was die Ordnung von mir verlangte, aber die Ordnung als solche faszinierte mich. Ich wollte gerne außerhalb der Ordnung stehen, sie genießen, ihr zusehen. Und so war ich auch in der Wissenschaft oder in der Schule oder beim Film, wo auch immer ich aufgetaucht bin, Zuschauer, Genießer und immer schon ein bisschen beim Benennen und Beschreiben. Ein vorbildlicher Soldat war ich nie, keine Sekunde lang.

Sparschuh Es ist der amüsierte Blick von außen, der sich dann auf den Protagonisten selbst richtet und so natürlich jede Menge Selbstironie abgibt. Das ist wohl eines der tieferen Geheimnisse unserer Passion für diese Erinnerungen an die Armeezeit.

Nadolny Und hängt leider zusammen, jedenfalls bei mir, mit einer deutlichen Unbegabtheit zum Handeln. Das hat auch damit zu tun, dass meine Eltern beide Schriftsteller waren, ich also in einem Haus aufgewachsen bin, wo beim Mittagessen, beim Abendessen, wann auch immer, nachgedacht wurde: Wie könnte man das beschreiben, wie könnte man das nennen, wie könnte man dazu sagen, ist es eine Geschichte oder ist es keine? Also die Frage, wie schlägt sich in Worten nieder, was ich erlebe. Mit solch einer Blickrichtung wird man – von den berühmten Ausnahmen abgesehen – eher Kriegsberichterstatter als Kommandeur.

Sparschuh Wenn ich den Eckermann betrachte, mit seiner militärischen Biographie, da spiegelt sich auch etwas wider, was bei vielen Leuten meiner Generation im Osten eine Rolle spielte. Dass Sprache nicht nur als Kommunikationsmittel diente, sondern auch als Mittel des Versteckens. Als Kassiber. Dass ein schwejkhaftes Verhalten durchaus rettend sein konnte. Wenn man einer Übermacht gegenübersteht und nichts anderes hat, dann kann man etwa durch Überanpassung oder völlig asynchrones Verhalten vielleicht seine Haut retten. Das ist mir beim Lesen der entsprechenden Stellen aufgefallen, dass da Maskerade und Mimikri eine Rolle spielen.

Literatur und Kasernenerfahrung

Nadolny Man kann sich per Sprache wunderbar dumm stellen. Wer einfach nur sagt: Ich will nicht, der wird gezwungen. Wer behauptet: Ich verstehe nicht, dem wird vorgehalten: Sie wollen nicht verstehen. Aber wenn man ganz eifrig und erfinderisch Schwachsinn redet, dann gibt der andere auf und weiß: Der kapiert es wirklich nicht, nehmen wir einen anderen.

Sparschuh Felix Krull bei der Musterung.

Nadolny Zum Beispiel, ja. – Die Sprache ist dein bester Schutz.

Sparschuh Jenseits von Gut und Böse.

Nadolny Ganz nebenbei, ich glaube nicht, dass einer von uns jemals daran gedacht hat, über die Militärzeit ein ganzes Buch zu schreiben, auch andere Autoren kaum. Es ist viel von Soldatentum die Rede, in vielen Romanen. Die Literatur wimmelt davon, aber da haben wir meist mit dem Ernstfall zu tun, es ist Krieg. Der Kasernendienst spielt nur als Vorstufe zu dem Krieg, der dann ausbrechen wird, hin und wieder eine Rolle. Bücher, die nur von den Miserabligkeiten des Kasernendienstes handeln, kenne ich kaum. Außer vielleicht T.E. Lawrence, »Unter dem Prägestock«. Wo er nach dem berühmten »Aufstand in der Wüste«, der vom Krieg handelt, über seine zweite Existenz bei den Bodentruppen der Royal Air Force schreibt. Er diente dort unter einem anderen Namen. Oder Max

Frischs »Dienstbüchlein«, da sind seine Erlebnisse als Schweizer Soldat notiert, es herrschte aber immerhin ringsherum Krieg.

Fällt dir irgendjemand ein, der einfach nur über das kasernierte Leben im Frieden geschrieben hat?

Sparschuh Ich kenne zwei wichtige Bücher zu diesem Thema: Jürgen Fuchs, »Fassonschnitt«, und Christoph D. Brumme, »Tausend Tage«. In beiden Büchern merken wir, dass der Ernstfall schon in der Kaserne losgeht. Das, was ich nur mal so als Zaungast erlebt habe, als jemand, der wusste, er kommt ja gleich wieder raus, und den das auch nicht mit achtzehn Jahren getroffen hat – das wird in diesen beiden Büchern haarsträubend und quälend genau beschrieben, als eine existenzielle Grunderfahrung.

Nadolny Das ist auch eine Art Front, da ist sozusagen ein etwas anderer Krieg im Gange, wenn auch nicht gegen einen Feind draußen, und es gibt regelrechte Angriffe auf das Leben oder zumindest auf die Würde, auf die Existenz in dem Falle, wenn die Armee der verlängerte Arm eines strafenden und unterdrückenden Staates ist. Da werden Menschen zerbrochen, und da hält eine biedere demokratische Armee wie die Bundeswehr glücklicherweise nicht mit, sie ist relativ arm an Horrorstorys. Man kann in ihr diese und jene Skandälchen finden, Meldungen über irgendeinen Schweinehund von Ausbilder, der seine Rekruten gequält hat oder so. Aber da ist wenig Erzählstoff. Wenn ich an Hans Hellmut Kirst denke, also noch mal »08/15«, der Roman ist berühmt geworden auch wegen der Schilderung dieser Schleiferszenen, die Figur des Wachtmeisters Platzeck ist vergleichbar dem Unteroffizier Himmelstoß von Erich Maria Remarque. Bei Kirst wird gut abgebildet, wie es in den Wehrmachtkasernen zugegangen ist, er hat es selber erlebt. Die Handlung führt dann in den Krieg hinein, und wir haben es mit der Armee einer totalen Diktatur zu tun. Der Nationalsozialismus dringt zwar nicht überall gleichmäßig in diese Armee ein. Es werden auch nicht ständig politisch aufgebürstete Nazis gezeigt, höchstens am Rande mal als Blödsinn redende Laffen, aber die Armee selber, und das ist der wichtige Punkt, hat keinen Schutz von irgendwoher. Da gibt es keine Verankerung, keinen Hebel, der diesen Soldaten helfen könnte. Die Armee ist, wie die Bürger draußen, in Geiselhaft, es herrscht Willkür.

Literatur und Kriegserfahrung

Nadolny Weil wir darüber reden, wie Soldatenzeit sich im Erzählen niederschlägt, fällt mir Folgendes ein: Neulich sprach ich mit jemandem, etwa meines Alters, der mir sagte, weißt du, wir werden ja keine Memoiren zu schreiben haben, denn wir haben nichts erlebt. Das Gespräch hatte sich vorher gedreht um späte Memoiren mit allzu späten, bisher opportunerweise unterbliebenen Bekenntnissen von bis dahin hochverehrten Leuten, das Thema ist ja bekannt. Und dann sagte mein Gesprächspartner also, wir brauchen nie Memoiren zu schreiben, wir haben ja nichts erlebt. Da bin ich zornig geworden, weil er in dieses völlig verbreitete Klischee verfallen ist zu denken, wenn jemand keinen Krieg erlebt und sich die Hände nicht blutig gemacht oder Furchtbares erduldet hat, dann hat er nichts erlebt. Das sitzt in den Köpfen seit Urzeiten. Im Krieg, so die Meinung, wächst der Mensch in Gefahren über sich hinaus, in Friedenszeiten pennt er ein und erfindet keine neuen Waffen, überhaupt nichts Großes, aus Ländern mit jahrhundertelangem Frieden stammt höchstens die Kuckucksuhr. »Der Krieg ist der Vater aller Dinge« – was Heraklit damit wirklich gemeint hat (nämlich den Gegensatz), das wird nur zu gern missverstanden. Und wenn ich mich vor den Fernseher setze, Jens, und bei einem alten Kriegsfilm hängen bleibe, so einem Pseudo-Antikriegsfilm, der ja doch genussvoll vom Krieg handelt, von Menschen in Todesgefahr und Verzweiflung, einen Ausweg suchend, kämpfend, sterbend, dann merke ich, dass ich doch selber genauso in dem Klischee stecke, dass diese Erlebnisse irgendwie die echteren Erlebnisse wären.

Sparschuh Höchst merkwürdig in diesem Zusammenhang ist für mich, dass der so kluge Soziologe Heinz Bude in der Diskussion um Grass und darüber, was für Teile einer Biografie mitteilenswert sind – oder wie Thomas Mann es sagen würde: was buchenswert ist –, der nachgeborenen Generation genau dasselbe ins Stammbuch schreibt: Das ist eine Generation, die hat eben nicht so viel erlebt. Basta. Ich glaube, der Grundfehler in den Betrachtungen dieses sonst so umsichtigen Soziologen ist: Er unterschätzt, dass unsere Hauptarbeit im Reich des Konjunktivs, der Möglichkeit, der Imagination stattfindet. Es ist doch naiver Realismus zu glauben, es müssten einem erst die Granaten um die Ohren fliegen, damit man eine Ahnung davon bekommt, was Armee bedeutet. Wenn man eine Waffe sieht, dann sieht man doch potenziell, was damit zu machen ist. Hat man eine Struktur erkannt, kapiert doch ein einigermaßen vernunftbegabtes Wesen, worin so eine Struktur mündet. Der Sinn des Soldatseins besteht ja nicht darin, dass man nur auf seinen Waffen herumsitzt und sie ewig putzt. Die sollen irgendwann mal bedient werden. Das ist auch das Trauma eines jeden Offiziers. Der ist doch genauso gelangweilt wie seine Soldaten. Er wartet auf den Einsatz, die Gelegenheit. Und die Gelegenheit ist bestimmt nicht, zum hundertsten Mal zu kontrollieren, ob auf dem Schrank oder der Gardinenstange Staub liegt. Das ist der kleine Ernstfall, sie warten aber auf den großen Ernstfall. Und deswegen ist das sogenannte Selbsterlebte, im ganz engen Sinne von »Fronterfahrung«, als Kriterium der Wahrheit hier viel zu kurz gegriffen.

Nadolny Wir haben die Phantasie, uns einiges vorzustellen. Und die haben nicht nur wir, die haben alle. Man kann sich vorstellen, wie das ist, wenn es plötzlich losgeht. Ich habe mir das auch, während ich beim Militär war, manchmal vorgestellt. Wie ist das, plötzlich angegriffen zu werden und eigentlich schon so gut wie verloren zu haben. Wie hört sich das an, wie fühlt sich das an, was sehe ich, wie geht es mir mit mir selber. Plötzlich gibt es zersplitterte Bäume, eine Metallfläche hat einen Kratzer, es gibt nie gehörte Geräusche. Ich habe versucht mir das vorzustellen. Später ging das in die Schilderung einer Seeschlacht ein, die sich zweihundert Jahre früher abgespielt hat und wie ich mir sie vom jungen John Franklin erlebt vorstellte. Diese Phantasie zu entwickeln ist möglich und auch die, dass irgendwann mal der Ernstfall oder der Krieg zum Selbstläufer wird. Wenn ich nicht schieße, fällt mein Feuerschutz für andere aus, dann sterben Leute meinetwegen. Und das lässt sich durchaus sehr genau vorstellen, und da verblassen sofort viele pazifistische Wunschträume und Verzierungen, so gern man sich aus dem Albtraum mental oder ganz praktisch raushalten würde. Das erklärt ja auch, warum Soldaten, die im Krieg lagen, an der Ostfront oder sonst wo, nicht das getan haben, was man heute vielleicht naiv von ihnen verlangen würde: Warum bist du denn nicht einfach nach Hause gegangen und auf diese Weise ein guter Mensch geblieben? Das Hundsgemeine am Krieg ist, dass das menschenfreundliche Denken, mit dem man sein Leben führen möchte und auch könnte, von der Alternative »Die oder wir« mit grausamer Logik weggefegt wird.

Sparschuh Du kennst die Arbeiten von Remarque und die von Ernst Jünger – wie ist das bei dir? Mir ist Remarque so unendlich viel wichtiger als Ernst Jünger. Jünger hat den Offiziersblick, steht da mit dem Champagnerglas in der Hand und guckt von oben herab. Selbst wenn er mal näher herangeht, ist und bleibt er eben doch nur – Käfersammler. Und wenn dann gerade mal Paris brennt, sieht er vom Balkon aus die Farben im Abendhimmel und findet das alles sehr interessant, sehr malerisch. Ich muss mich ganz profan und ganz unoriginell dazu bekennen, dass ich zum Beispiel »Im Westen nichts Neues« für ein grandioses Buch halte, während ich diesen ästhetisierenden Herrenreiterblick, den Jünger hat, grauenvoll finde.

Nadolny Jünger möchte ich nicht beurteilen, weil ich ihn kaum kenne. Remarque habe ich mit glühenden Augen gelesen, übrigens genauso wie Hans Hellmut Kirst, das sind Reißer, aber von Grund auf legitime. Weil sie einen in das Geschehen hineinziehen, sodass man keine Distanz mehr wahren kann, auch keine ironische, man wird als Leser hineingetunkt in das ganze Desaster. »Stahlgewitter« von Jünger habe ich mal angelesen. Aber ich rede besser nur über Sachen, die ich zu Ende gelesen habe.

Sparschuh Das Buch hat etwas zutiefst Unmenschliches. Das mag stilistisch alles in Ordnung sein. Aber es ist einfach unmenschlich. Punkt.

Geistige Kriegsverletzungen

Nadolny Es ist ja merkwürdig mit dem Ersten Weltkrieg. Ein ungeheurer Einbruch in alles, was bis dahin sicher erschienen war. In das Vertrauen auf die Vernunft und die Weisheit des Bürgertums und des Fortschritts. Auf die Rentabilität der Vernunft, auch beispielsweise der Vernunft des friedlichen Fortschritts. Und ein vernichtender Schlag gegen die Siegesgewissheit des liberalen Pazifismus. Der Erste Weltkrieg hat eine fürchterliche Schneise hinterlassen, er hat die Leute tief erschüttert und verletzt, egal, ob sie Verdun erlebt haben oder das Elend in der Heimat. Man könnte durchaus sagen, mehr noch als der Zweite Weltkrieg hat der Erste in Europa seelische Sicherheiten zerstört, mit schweren Pathologien als Folge. Da gab es diejenigen, die tapfer gesagt haben, jetzt haben wir was gelernt: So etwas darf nie wieder passieren. Andere waren mehr damit beschäftigt, sich einzureden, das alles habe einen tiefen Sinn gehabt, und nur durch die Verluste und Leiden werde man stärker und härter. Da haben sie dann einen neuen stählernen Menschen erfunden, der so etwas besser aushält, denn nur der erbarmungslose Starke setze sich durch und so weiter, dieser ganze traurige Weltanschauungsmüll, der damals seine Stunde hatte, Sozial- und Kriegsdarwinismus. Wenn ich gefühllos bin, wenn ich mich nicht verletzen lasse, wenn ich ganz kalt bleibe, dann überstehe ich den Überlebenskampf um die Welt. Und darin besteht die Überlegenheit meiner Nation oder Rasse oder Kampfgruppe. Fürchterlich, was in diesen verletzten Gehirnen passiert ist. Das alles ist zum Heulen und kann nicht mit einem entschuldigenden Sinn ausgestattet werden.

Sparschuh Wo du das jetzt sagst, fällt mir ein, dass ich einen Verwandten hatte, übrigens in Dresden-Radebeul, wo Karl Mays Wigwam stand: Großonkel Albert. Alter Bismarck-Anhänger, schwerhörig, Kautabak kauend und davon so braune Spuckeflecken vorne auf dem Hemd – der sprach, auch noch nach dem Zweiten Weltkrieg, immer vom Weltkrieg und meinte damit wohl diesen grundsätzlichen Einschnitt, den der Erste Weltkrieg, nach neuerer Zählung, bedeutete. Dass da Giftgas zum Einsatz kam, was vordem als undenkbar galt. Damals ist zum ersten Mal eine Grenze überschritten worden, die eigentlich als unüberschreitbar galt. Deswegen war das wahrscheinlich auch nicht ganz so unvorbereitet, was dann später kam.

Krieg und Film

Nadolny Der ganze Mythos vom Heldentum des Einzelnen ist doch pulverisiert worden in diesen Materialschlachten. Oder genauer: der Mythos vom persönlichen Sieg des Tapferen. Es war leider völlig egal, ob man Mut hatte oder die Hosen voll, man funktionierte einfach wie eingelernt und starb. Oder auch nicht. Beides war kaum sinnvoll erklärbar, weder das Ende noch das Überleben. Das war zuvor noch nicht da gewesen, zumindest hatte der Mythos noch etwas anderes behaupten können, trotz Napoleon und Gallipoli und Solferino. Bei genauem Hinsehen sind Soldaten doch schon immer einfach verschmort, die Besten wie die Nichtbesten. Die Familien kriegten dann ein paar feierliche, verlogene Sätze übersandt. Aber jetzt das, worauf ich hinauswill: Film und Lektüre. Ich glaube, dass lesehungrige Kinder und Jugendliche in bürgerlichen Elternhäusern mit den Büchern der vorigen Generation aufwachsen. Ich sogar noch mit den Jugendbüchern meiner Großeltern, verschlungen habe ich die. All diese vaterländischen Merkwürdigkeiten, wo der wackere Deutsche sich draußen in der Welt nicht fürchtet und immerzu Siege davonträgt über perfide Engländer, eitle Franzosen, machtgierige Mulatten, tückische Chinesen, im Frieden wie im Krieg. Ich habe mich durch alles durchgefressen, und es hat, glaube ich, keine Spuren hinterlassen. Ich habe sogar, außerhalb meines Elternhauses, heftig antisemitische Bücher in die Finger gekriegt und sie munter gelesen, ohne antisemitische Lehren daraus zu ziehen. Aber eines hat mich eben doch geprägt: die amerikanischen Filme. Das war nicht mehr Teil der Demokratieerziehung durch die Amerikaner, sondern ganz einfach vordringendes Hollywood, was ich als Jugendlicher unentwegt sah, vor allem amerikanische Kriegsfilme mit oder ohne John Wayne, »Verdammt in alle Ewigkeit« mit Burt Lancaster, Frank Sinatra, Montgomery Clift. All diese zutiefst menschlichen, heiteren, lockeren und dabei so tapferen Soldaten, die es den kadavergehorsamen Deutschen und Japsen zeigten. Dadurch war ich doch ein bisschen mit Heldentum geimpft. Ich glaubte an das, was die Filme mir erzählten. Also daran, dass der Einzelne mit seiner Entschlussfähigkeit, mit seinem Durchhaltewillen und mit seinem großen Herzen für die Kameraden praktisch den Krieg gewinnen kann. Ich sah das dann realistischer, als sich während des Wehrdienstes meine Phantasie wieder damit beschäftigte, dazu brauchte ich keinen Krieg.

Sparschuh Wir hatten natürlich auch jede Menge Kriegsfilme, sowjetische vor allem. Und vom Gestus her war es auch das Muster, wie du es von den amerikanischen Filmen beschreibst: Der eine reißt es raus, der hat den Überblick, links und rechts kracht alles zusammen, aber der schafft es – so eine Personalunion von Old Shatterhand und Winnetou. Man ist froh darüber, dass es diesen einen gibt. Aber alles, was man aus der Wirklichkeit hörte, sprach doch eine ganz andere Sprache.

Nadolny Vielleicht ist im Grunde noch wichtiger als die Heldenproduktion solcher Filme und Bücher, dass einem die Realität des Krieges falsch gezeigt wird, und zwar ganz speziell im Film. In der Wirklichkeit passiert alles mit einer anderen Geschwindigkeit als im Spielfilm, der ja unter anderem für bedeutungsvolle Dialoge Platz lassen muss. Insbesondere sterbende Helden haben immer noch viel zu sagen, es erinnert an die Oper. Die Wirklichkeit ist in vieler Hinsicht einerseits »länger« und langsamer – der Film darf nur seine zwei Stunden dauern, er lässt die Jahre zusammenschnurren. Andererseits wird uns in Kriegsfilmen ein Entscheidungsspielraum, eine Möglichkeit zur Beurteilung der Lage vorgespiegelt, und zwar inklusive Gemütsbewegungen und erkenntnisfördernder Rückblenden, die vollkommen unrealistisch ist. Es kann im Krieg so schnell gehen, dass man automatisch nur noch Opfer ist. Die Bombe fällt, die Granate schlägt ein, und weg bist du mit all deinen Überlegungen. Diese Plötzlichkeit kann Film kaum zeigen. Ich habe nur einen Film gesehen, der das wenigstens andeuten konnte, und das war von Steven Spielberg, »Saving Private Ryan«, jedenfalls der Anfang davon, die Landung in der Normandie. Das zeigt ziemlich grausam, wie vollkommen ausgeliefert der Soldat ist, wenn die Strategen Mist gebaut haben. Oder wenn er einfach nur Pech hat.

Sparschuh Ich glaube, das ist ein ganz entscheidender Punkt, den wir schon die ganze Zeit latent ansprechen: die Entindividualisierung des Todes. Es gab vor vielen Jahren im Kunstamt Kreuzberg eine Ausstellung über die Weimarer Republik. Dort wurden Fotografien von Opfern des Ersten Weltkrieges gezeigt. Menschen, die anstelle einer Nase und eines Mundes nur noch drei Löcher im Gesicht hatten. Das ist der Unterschied zum Film, wo der Held vielleicht mal von einem Handgranateneinschlag eine Narbe davongetragen hat, aber die macht sich in seinem Gesicht eigentlich erstaunlich schick. Man weiß jedenfalls immer noch: Das ist der Held. Und der Kopfverband im

Film – eher so eine Art Kopfschmuck. Sieht eigentlich alles ganz adrett aus. Aber in Wirklichkeit kann dann schon mal das halbe Gesicht fehlen, und dann sieht nichts mehr adrett aus. Und das, was ehemals Individuum war, hat sich aufgelöst in ein Lebewesen, das gerade noch so existieren kann. Ein Zwitterwesen, zusammengeflickt aus Menschenresten und Prothesen.

Nadolny Das Traurige ist, dass es ja trotzdem fasziniert. Das sieht man bei allen möglichen Filmen, denen man keine Schönfärberei vorwerfen kann, sondern die eigentlich grausam drastisch sind und schreckliche Dinge zeigen. Gewalt fasziniert, Sterben fasziniert.

Sparschuh Pause?

Nadolny Pause.

Sparschuh Der schönste Moment in der Armee, wenn Pause gerufen wird.

V

Feldgeistliche Versorgung

Nadolny Na, dann sing ich mal wieder. Ist die beste Art, die Aussteuerung zu testen.

(Singt) »Kann denn Liebe Sünde sein?
Darf es niemand wissen, wenn man sich küsst,
wenn man einmal alles vergisst vor Glück?«
Reicht das?

Sparschuh Das reicht.

Das ist das Grausame an dieser Technik: Das Mikro ist in meiner Hand, und wenn ich nicht weiterweiß, wie meistens, halte ich es einfach als Waffe auf dich gerichtet, und du bist gezwungen zu solchen Exzessen wie dem Lied jetzt eben. So, was hatten wir noch, was ist offengeblieben? Ja, die feldgeistliche Versorgung!

Nadolny Ja, da grinst du wieder! Pardon, ein augurenhaftes Lippenkräuseln.

Sparschuh Du willst mir doch nicht erzählen, dass bei euch sonntags Kirchenbesuch auf dem Dienstplan stand.

Nadolny Nein. Bei uns wurde etwas zaghaft ab und zu mal ein Feldgottesdienst anberaumt, nach einer Geländeübung zum Beispiel. Da trat man im Drillich an, ganz

»kämpfende Truppe«, Helm ab zum Gebet, dann redet ein Militärgeistlicher. Ich habe das ein bisschen als aufgesetzten Kitsch empfunden, aber so zaghaft, dass man's gleich wieder vergessen konnte. Mir ist niemand aufgefallen, der das mit großer Inbrunst mitvollzogen hätte. Es gehörte, glaube ich, zu irgendwelchen Abmachungen zwischen Kirche und Staat. Die Militärgeistlichen gab es ja, also mussten die auch mal unter den freien Himmel. Es war so mehr Traditionspflege und blieb, glaube ich, ohne nennenswerte Folgen.

Sparschuh Es blieb ohne Folgen. Das ist manchmal nicht das Schlechteste. Übrigens, eine meiner liebsten Stellen aus deinem »Selim« ist die, wo ein Major, leicht derangiert, am Kasernentor vorgefahren kommt. Er verlangt vom Wachhabenden Meldung und lässt sich »zwecks Überprüfung« dessen Dienstpistole aushändigen. Plötzlich entsichert er, schiebt sich den Lauf in den Mund und drückt ab.

Nadolny Klick!

Sparschuh Nichts passiert! Zweiter Versuch, wieder nichts. Schlagbolzen ist defekt. »Das also ist die einsatzbereite Waffe eines Wachhabenden!«, tobt der Major – und verhinderte Selbstmörder – und rauscht unverrichteter Dinge wieder ab. Sein letzter Satz lautet:

Nadolny und **Sparschuh** »Das wird Folgen haben!«

Nadolny So ist es mir erzählt worden, und ich vermute, dass es genau so passiert ist.

Sparschuh Das glaube ich auch. Das ist so irre, das denkt man sich nicht aus.

Veteranen

Sparschuh Aber noch zur Traditionspflege: Bei euch in der Bundeswehr gibt es offenbar so etwas. Man trifft sich. Es gibt irgendwie »10 Jahre dabei gewesen«, »20 Jahre dabei gewesen«. Was meine ohnehin mickrigen Erfahrungen betrifft, wenn ich mich mit anderen unterhalte, dann ist mit diesem Epochenschnitt 1990 natürlich auch ein Schnitt in den persönlichen Biografien geschehen. Vieles von dem, was vorher war, spielt keine Rolle mehr. Man trifft sich nicht, man begeht auch kaum irgendwelche Jahreszahlen, warum auch. Eventuell geniert man sich sogar, dass man bei der NVA gewesen ist. Aber bei euch, wie ich das vorhin verstanden habe, ist das vielleicht anders? Also, du bist mit deinen alten Kameraden in Dekadenabstand doch hin und wieder zusammen, und dann wird über die Vergangenheit gesprochen. Wahrscheinlich sehr viel qualifizierter, als wir das hier tun konnten.

Nadolny Nein, die Vergangenheit ist nicht mehr so wichtig, die Bundeswehr letztlich auch nicht. Sondern man interessiert sich dafür, was der eine als Rechtsanwalt treibt oder was der andere, der im Vorstand einer Aktiengesellschaft sitzt, über seine Verantwortung sagt oder auch nicht sagt. Ein Dritter hat gerade eine Weltreise gemacht in irgendeiner Eigenschaft und durchleuchtet Probleme in der Dritten Welt. Es ist fast ein kleiner Rotarier-Club geworden. Die sich da treffen, sind im Wesentlichen die, die damals Reserveoffiziere wurden. Ein Veteranentreffen in der alten Besetzung, wie sie in der Rekrutenzeit auf der Stube war, das würde vielleicht doch ein bisschen verunglücken. Ja, weil die Unterschiede in den Lebensläufen zu groß sind inzwischen. Jedenfalls könnte irgendeine Verlegenheit oder sogar Bitterkeit da sein, auch wenn niemand das zugäbe. Leute mit Abitur blicken nach vierzig Jahren auf andere Probleme zurück als Leute mit Hauptschulabschluss. Da dürfte übrigens auch im Osten so eine Schere aufgegangen sein, natürlich auf ein bisschen andere Weise. Wenn unübersehbar wird, wie viel Glück die einen gehabt haben und wie wenig Glück andere. Das Glück ist auf der Seite der Tüchtigen, oft aber auch nur der Unverschämten. Und nicht jeder ist im Herzen so frei, darüber einfach zu lachen.

Sparschuh *(lacht)* Ein weites Feld. – Zumal bei uns, wo 1989 die Karten noch mal ganz neu gemischt worden sind und sich alte Orden und Ehrenzeichen tonnenweise in Blech verwandelt haben.

Jetzt möchte ich aber kurz vorm Zapfenstreich mal ein kurzes Resümee versuchen. Mir ist aufgefallen, dass wir beide, die wir sonst zu einer gewissen Eloquenz neigen, im Hinblick auf die Armee manchmal von Nachwehen einer gewissen Sprachlosigkeit heimgesucht werden. Mir zumindest geht es so. Es gerinnt einfach nicht zu einem schlüssigen Begriff, zu einer Sentenz, die man wegheften kann. Das ist offenbar immer noch eine offene Stelle, die man nicht mit drei, vier Worten schließen kann. Deswegen haben wir vorhin auch beim Kaffeetrinken in der Küche ratlos gesessen und uns gefragt, ja, wir müssten die Sache noch auf den Punkt bringen, noch mal richtig abschließen, Stempel drauf und – ab zu den Akten! Aber das kriegen wir nicht hin. Wahrscheinlich, weil das etwas ist, was uns in einer Zeit erwischt hat, als wir jünger waren, als die Welt noch mehr Zugriff auf einen hatte und Verheerungen – im buchstäblichen Sinne – in einem angerichtet hat, von denen man vielleicht nur dunkle Ahnungen haben kann.

Geheimnisträger

Nadolny Wir können natürlich leidenschaftlicher, konzentrierter und präziser sprechen, wenn es um unser jetziges Leben geht, etwa um die Literatur, um die, die wir mögen, und die, die wir nicht mögen, speziell aber um die, an der wir gerade arbeiten. Da sind wir auf unserem Terrain und engagiert. Das sind gewöhnlich die Gespräche zwischen uns. Jeder erzählt von seiner Arbeit und lässt sich anregen von dem, was der andere berichtet. Die Armee liegt eben zurück wie Schule und Studium. Und es lassen sich nicht leicht große Lehren daraus ziehen. Auch die Sentenzen sind ja nicht das Wichtigste. Es ist doch einfach mal gut zusammenzutragen, woran man sich überhaupt erinnert und woran nicht. Und so nebenbei auch über sich selber nachzudenken. Darin liegt auch genau die Bremswirkung für uns. Natürlich denke ich beim Zurückdenken über mich nach: Was habe ich damals getan und getrieben, welche Dinge habe ich geduldet, welche nicht, wo bin ich mir heute beim Rückblick selber fremd? Solche Sachen kann ich aber nicht gleich in ein Mikrophon hineinreden, weil sie, wenn sie angerührt worden sind, erst mal noch

Zeit brauchen. Der Wehrdienst bedeutete auch den Blick auf ein Stück Wahrheit über uns selbst, ganz persönlich. Eine, die im Lauf der Zeit überdeckt worden ist wie ein Teich von Seerosenblättern. Klar, dass man erst mal vor allem die Oberfläche anschaut. Aber insgeheim tastet man schon nach der Tauchmaske: Was, bitte, war denn da weiter unten noch alles?

Sparschuh Ob wir das heute noch klären? Oder jemals? Ich denke, das war's. Gleich trudelt das Band aus. Heute war der 12., oder?

Nadolny Der 10. Heute war der 10.

Sparschuh Ist notiert. Ort/Unterkunft. Hieß das bei euch auch so? OU?

Nadolny Nein. Und ich dachte, bei euch hieß das Objekt?

Sparschuh Objekt sowieso, da gab's noch irgendwelche anderen Kürzel. Aber auch das klären wir jetzt nicht mehr auf.

Nadolny Wir lassen ein paar Militärgeheimnisse ungelüftet.

Sparschuh Unbedingt! Das größte Militärgeheimnis waren wir selbst.

Beim Revierreinigen aufgetaucht

DIE ZEIT

Nr. 32, 1964

Sten Mathiessen

Schadet Denken dem Soldaten?

Die Abiturienten in der Bundeswehr – Erfahrungen eines Leutnants

Der Rekrut kommt vom Abitur zur Bundeswehr als Freiwilliger. Oder er kommt als Wehrpflichtiger, indem er keine der Möglichkeiten ausnützte, nicht zu kommen. Was erwartet der Abiturient vom Militär?

Fragt ein Gleichgestellter den jungen Mann, so spricht er von Zwangsläufigkeit, von der Reserveoffizierslaufbahn, von den fünftausend Mark Abfindung oder von sportlichen Interessen. Fragt ihn ein Vorgesetzter, so kommen die *Pflicht,* die *Demokratie,* die *Verantwortung* oder das *Vaterland* zur Sprache – womit der Abiturient bereits beachtliches Einfühlungsvermögen beweist. Der wirkliche Grund seiner einigermaßen selbstständigen Entscheidung für die Bundeswehr ist aber, meine ich, keine so abstrakte Sache wie der Gedanke an die Pflicht –

dies nur in wenigen Fällen. Oft ist es eine Art Neugier auf eine andere, fremde Lebensform, die mit dem Verlangen nach »sportlichen Dingen und so« nur ungenau umschrieben wird. Aber nur ganz selten ist Vorliebe für die Uniform oder gar für die Welt von Befehl und Gehorsam im Spiel. Diese Vorliebe – wie auch der Pflicht- und Wehrgedanke – nehmen erst später Gestalt an.

Der alte Stiefel

Der Rekrut, der außer dem Reifezeugnis ein gewisses Maß an Neugier und Wirklichkeitssinn mitbringt, empfindet zunächst manchen Vorgang in der Bundeswehr als ebenso sinnlos wie feindselig. Wenn ihn der Ausbilder auf dem Formalausbildungsplatz anbrüllt, hat er deutlich das Gefühl, dass sich hier zwei hilflose Menschen gegenüberstehen: der eine, der sich nicht ausdrücken *darf,* und der andere, der es nicht *kann.* Auch die unbegreiflichen Idiotien mancher Marschliedtexte (in einem ist von »brausenden Panzern«, »frohem Sinn« und »ehernen Gräbern« die Rede) schaffen Erbitterung. Und erst jene Banalitäten des Dienstes, die mit unnachsichtiger Strenge durchgesetzt werden, obwohl sie keine Erfordernisse des Gefechtes, der Materialpflege oder der sinnvollen Disziplin darstellen. Gerade sie sind oft die »Dollpunkte« der schwächeren Köpfe unter den Befehlenden, die voll Überzeugung einen sinnlosen Gehorsam durchsetzen wollen.

Und hier taucht eine entscheidende Frage auf. Wenn die Rekruten, speziell die Abiturienten, dies so deutlich empfinden, sollten sie sich dann nicht alle eines Tages als gute Ausbilder erweisen, als Männer, die allem Sinnlosen abhold sind? Für viele trifft das zu, jedoch keineswegs für alle. Nicht nur die Unteroffiziere, sondern – vielleicht sogar besonders – die Abiturienten und zukünftigen Offiziere erliegen oft seltsamen Einflüssen.

Bereits der Rekrut empfindet bald nur noch die offensichtliche Schikane, nicht mehr aber die Befehlsgewalt an sich als drückend. Die Tatsache der Unterordnung scheint ihm bald nicht mehr nur notwendiges Übel zu sein, sondern sogar ein befriedigender Zustand. Dies tritt besonders dann ein, wenn der Vorgesetzte den Gehorsam nicht wortreich als notwendig erklärt, sondern ihn kategorisch fordert. Gerade der Abiturient gewinnt daneben ein gewisses Gefallen daran, sich »zusammenzunehmen, wo es nötig ist« – etwa auf dem Marsch oder beim Gefechtsdienst. Die Forderung nach Disziplin findet durchaus Gehör und Bereitwilligkeit. Und dann übt der Rekrut bei allen Härten schließlich auch eine gewisse Selbstbeherrschung, die weniger mit Vernunft als mit dem »Härtegedanken« zu tun hat. »Wo gehobelt wird, fallen Späne«, mag er sich mit stolzem Grimm sagen, wenn auf dem Marsch die Hacken wund gescheuert sind. Es bleibt aber nicht aus, dass er seinen Vorgesetzten gerade um der Härte willen im soldatischen Leben mehr Spielraum lässt, als sie nach dem Buchstaben der Vorschrift haben dürfen. Hier unterscheidet sich übrigens der Abiturient oft vom weniger Gebildeten: Dieser zuckt zwar über eine Ungerechtigkeit nur die Achseln, weil ihm zur Auflehnung das Engagement fehlt und weil das Kuschen bequemer ist, obwohl die Beschwerde ein völlig legitimes Mittel wäre, aber er weiß, was gespielt wird. Der Abiturient hingegen sieht nach kurzer Zeit all dies gern als Bagatelle an und übt Selbstdisziplin auch am verkehrten Ort. Aus Begeisterung für spartanische Selbstverleugnung drückt er die Augen zu. Eine besondere Rolle bei der Wandlung des Abiturienten spielt die Frage nach der Kriegsrealität, die er anfangs munter stellt. Deren Beantwortung freilich enttäuscht ihn meist schon deshalb, weil in der Truppe fast nur *junge* Vorgesetzte unterrichten, die weder die Realität des vergangenen Krieges noch die Möglichkeiten eines Atomkrieges ausreichend und glaubhaft darstellen können. Die Frage verblasst bereits während der Rekrutenzeit immer mehr, und schließlich gibt es nur noch die Frage nach der vorgeschriebenen Verhaltensweise: »Was sagt die Vorschrift darüber?« Die Wirklichkeit, so nimmt man mit einem gewissen geistesabwesenden Leichtsinn an, wird sich nach der eingelernten Verhaltensweise richten – sie wird schon nach Vorschrift ablaufen …

Es muss ausdrücklich gesagt werden, dass dies nur bei den jüngeren Offizieren so ist. Die meisten älteren besitzen nicht nur eine erstaunlich präsente Kenntnis technischer Einzelheiten und der gesamten Führungspraxis, sie sind auch neugieriger und wachsamer.

Wesentlich ist weiter die Gewöhnung an die Waffen. Seltsamerweise bewirkt nämlich die ständige Beschäftigung mit der Waffe keine Erörterung grundsätzlicher Probleme. Im Gegenteil: Das Gewehr wird immer weniger als ein Gegenstand zur Vernichtung eines Feindes angesehen, sondern mehr und mehr als ein Objekt der pfleglichen Reinigung und sachkundigen Behandlung, ferner als ein Gerät, dessen Beherrschung hohe Ringzahlen beim Scheibenschießen bringt. Schließlich ist es gar nur noch ein gefährliches und harten Männern durchaus angemessenes Stück, das mit ähnlicher Genugtuung erfüllt wie ein wuchtiger Stiefel oder eine mächtige Pfeife.

Der Gedanke an die höchst unlustigen Seiten des Soldatendaseins macht so nach und nach der ausschließlichen »Dienstauffassung« Platz – oder gar dem Primat des »Wehrgedankens«.

Mit unserem Rekruten geht es aufwärts: Er wird Gefreiter. Es nähert sich der Zeitpunkt, an dem die Abiturienten einen anderen Weg einschlagen als ihre Kameraden. Diese bleiben Gefreite in einer bestimmten Kompanie, in der sie oft eine sinnvolle, handwerkliche Arbeitsamkeit entwickeln. Dabei kommen sie meist zu einer entspannten und sachlichen Einstellung gegenüber der Bundeswehr und zeigen eine maßvolle Zuneigung zu dem »Job in Uniform«, auch dann, wenn sie nicht im Traum an eine Weiterverpflichtung denken.

Den Abiturienten geht es anders, denn sie möchten Reserveoffiziere werden. Sie werden ausgesucht, getestet und besichtigt. Und jetzt werden sie mit einer Seite der Bundeswehr bekannt gemacht, die bisher nicht ganz so deutlich war.

Die Bundeswehr ist die Streitmacht einer Demokratie; sie verlangt also demokratische Gesinnung von ihren Leuten, ja, sie wird oft sogar als eine Art Schule für demokratische Auffassungen angesehen. Und hier setzt dann leicht die Herrschaft der Phrase ein. Im Unteroffizierslehrgang wird – nicht von Baudissin, sondern von Feldwebel Z – ein derartiges Übermaß an frisch-fromm-fröhlicher demokratischer Verantwortungsfreudigkeit, an Bilderbuchgemeinsinn und prächtig harmloser Zivilcourage verlangt, dass unser junger Mann seine gesamte Geistesgegenwart braucht, um auch tatsächlich alles ausreichend vortäuschen zu können.
Hand in Hand damit geht aber ein recht harter Dienst: hart wiederum weniger durch starke

Belastungen oder schwierige Aufgaben, sondern durch jene schon von der Rekrutenzeit her bekannten Kleinigkeiten, die dazu dienen, den künftigen Führer zu einem funktionierenden Mann zu machen.

Man verstehe mich recht: Die Forderung nach Genauigkeit in kleinen Dingen ist gut und lehrreich. Selbst wenn sie zu weit geht, mag sie noch zu einer gewissen heilsamen Abhärtung gegenüber Idioten erziehen. Aber wo man gleichzeitig noch einem demokratischen Idealtyp zu entsprechen hat, da fängt eine merkwürdige Schizophrenie an. Da lernt man Verlogenheit.

Die Männer der Inneren Führung meinen es gut, und ihre Forderung ist richtig: Menschlichkeit im Dienst. Der General meint es womöglich noch besser und setzt Nachdruck hinter die Menschlichkeit. Der Bataillonskommandeur präzisiert »die Demokratie« noch ein wenig aus dem Schatz seiner Erfahrungen. Der Hauptmann schließlich befiehlt seinem Unteroffizierslehrgang Vorbildlichkeit, auch in Demokratie, so wie er sie versteht. Am Ende der Kette muss sich ganz zwangsläufig ein fast ideologisch anmutendes Gebilde aus demokratischen Phrasen herausbilden, die man anhört und benutzt, ohne sie zu prüfen. Es finden Diskussionen statt, in denen man gut daran tut, mit Offenheit und Zivilcourage – nach Art einer Persönlichkeit – vom »Wehrgedanken«, vom scheußlichen kommunistischen Gegner oder vom soldatischen Geist zu reden. Umgekehrt gilt's übrigens auch: Wenn Feldwebel Z feststellt, dass der Gefreite X keine Pappdeckel in seine im Spind liegenden Hemden eingezogen hat, damit sie eckiger aussehen, dann schließt er messerscharf, dass der X offenbar nicht weiß, wofür er dient.

»So-tun-als-ob«

Aus all dem entsteht bei vielen früher oder später eine verklemmte und überspannte Soldaterie. Es ist einem jungen Menschen nicht zuzumuten, dauernd sich selbst anzulügen. Entweder rebelliert er und wird dann eben nicht Vorgesetzter – oder er hält schließlich doch alles für »im Grunde notwendig«, was ihm hier widerfährt. Er »hängt sich hinein«, er begeistert sich – ein Griff nach dem Strohhalm, weiter nichts! Nur sehr wenige bringen es fertig, in charmanter Weise den Betrieb »auf die Schippe zu nehmen« und so ihre Vorgesetzten ein wenig zu beeinflussen, ohne ihre Stellung zu gefährden.

Ich bin der Überzeugung, dass gerade an dieser Stelle so vieles falsch gemacht wird. Manche lernen hier für ihr Leben, sich in ein »So-tun-als-ob« hineinzusteigern, manches präzise Gefühl für den Unterschied zwischen Ehrlichkeit und Verlogenheit wird von Phraseologie überwuchert. Und niemand soll sich leicht der Hoffnung hingeben, dass es durch irgendwelche organisatorischen Änderungen, durch andere Ausbildungspläne oder dergleichen sehr viel besser gemacht werden könnte. Nein, es hängt alles davon ab, *wer* die Behandlung der Lehrgangsteilnehmer in der Hand hat, *wer* ihren Alltag bestimmt. Die höheren Offiziere haben meist zu viel anderes zu tun, als dass sie sich – außer bei den ziemlich sterilen »Besichtigungen« – persönlich um die Atmosphäre kümmern könnten. Bestimmend sind hier meist andere Leute, die – ohne besondere eigene Schuld – keine rechte Antenne für das Menschliche haben.

Nach dem Lehrgang folgt meist eine Ausbildertätigkeit in der Truppe. Und die alten Kameraden aus der Rekrutenzeit staunen nur so, wie ihr ehemaliger Freund jetzt im Schmuck seiner Dienstgradabzeichen mit malmendem Kiefer und steiler Stirnfalte einhersteigt.

Ein undefinierbares Gefühl der Unsicherheit veranlasst den Frischgebackenen jedoch ab und zu, um eine gewisse Bestätigung alter Kameraderie nachzusuchen. Er ist kaum in der Lage, das Kopfschütteln der befreundeten Gefreiten auf die Dauer zu übersehen. Doch auch wenn er schließlich wieder eine »ruhige Kugel schiebt«, so bleibt doch leicht ein bisschen Präpotenz haften, eine etwas zu forsche und herausfordernd-normative Art, sich mit seiner Umgebung zu messen.

Zur Wandlung gibt es freilich noch viele Gelegenheiten, und eine der besten ist die Offiziersschule.

Auf dem Fähnrichslehrgang erfährt der Abiturient nämlich wieder etwas völlig Neues: Er trifft alte Offiziere; und diesmal erlebt er sie nicht aus weiter Ferne, nicht als Götter, wie die Chefs und Kommandeure in der Truppe, sondern er hört sie jeden Tag im Unterricht. Sie sind weit weniger »zackig«, als man nach manchem Geschrei über die »Ewiggestrigen« erwartet hatte.

Sympathie für alte Zeiten

Sie wissen, was ein Krieg ist. Sie denken spürbar mit mehr Ernst und mehr Angst an den Krieg, was immer sie unternehmen und unterrichten. Sie legen daher auch viel Gewicht auf die Verdeutlichung menschlicher Situationen und menschlicher Aufgaben im Gefecht. Bei vielen von ihnen trifft man in ein und derselben Person sowohl einen imponierenden Ernst gegenüber ihren Pflichten als auch einen fast professoralen Sarkasmus für Übertriebenheiten aller Art und für gewisse Sprünge des Amtsschimmels in Uniform. Kaum geschieht es, dass sich einmal »Hörsaaloffiziere« mit Unwesentlichkeiten abgeben.

Leider sind diese »alten Herren« jedoch oft zu sehr von einer verständlichen Sympathie für alte – wenn auch nicht »tausendjährige« – Zeiten beherrscht. Sie sind – dass merkt man sofort – Gentlemen mit dem stoischen Maß des Befehlserfahrenen. Aber sie können häufig nicht nur nicht aus ihrer Haut, sondern nicht einmal aus ihrem Anzug. Dieser Anzug heißt: Edelkommiss. So liefern die meisten von ihnen dem Einsichtigen eine gute Illustration zum Thema Menschenführung, aber sie vermögen den Uneinsichtigen nur zu bestätigen, weil er (mit der schwächeren Brille) nur den Kommiss sieht.

In all den Lehrgängen lernt man immerhin eines, was mit Sicherheit über das rein Militärische hinausweist. Es ist die Erörterung und Berücksichtigung pädagogischer Erfahrungstatsachen, genannt »Methodik der Ausbildung«. Und pädagogische Überlegungen sind von Nutzen für die Bildung schlechthin, auch wenn es sich nur um einen Unterricht über den Bau von Fuchslöchern handeln sollte. Die Frage: »Wieso kapiert der Schütze Soundso das und jenes nicht?« führt, wenn man sich nur einigermaßen um die Antwort bemüht, zu einer Differenzierung und einer ständigen Revision der eigenen Verhaltensweise.

Wenn unser Abiturient nun in die Truppe zurückkehrt und einen Zug führt, dann erfährt er dies deutlich. Er findet bei dem Versuch, es auf dem *pädagogischen* Gebiet des Dienstes besser zu machen als andere, vielleicht zu einer guten Nachdenklichkeit. Er hat Gelegenheit zu entdecken, dass Humanität sich wirklich rentiert. Womit übrigens nicht gesagt ist, ob er nicht das genaue Gegenteil entdeckt – jeder nach seiner Art.

Vor allem aber hat er Gelegenheit, einen Einfluss auf eine militärische *Einheit* auszuüben, während bisher nur das Militär auf ihn Einfluss ausgeübt hat. Was hier für Probleme auftreten, sollte bei der Beurteilung der »edienten« Abiturienten mit klaren Augen gesehen werden.

Die »wilden Haufen«

Ein Zugführer hat eine für Zwanzig- bis Fünfundzwanzigjährige beachtliche Machtfülle. Er kann – wenn auch im nicht allzu weiten Rahmen – befehlen, was ihm richtig scheint. Allein dies macht ihn auch in den Augen seiner Untergebenen ein wenig interessanter. Er hat es also theoretisch leicht, Einfluss auszuüben. Doch am Anfang weiß keiner viel mit der Macht anzufangen (wenn er es doch weiß, ist es vielleicht nicht einmal das beste Zeichen). Er fragt seine Untergebenen entweder zu viel oder zu wenig um Rat. Er bemüht sich, seine Autorität durchzusetzen und ab und zu über sämtliche auftretenden Bedenken hinwegzubefehlen. Bringt solcher Alleingang Misserfolg, so weiß er wiederum noch nicht recht, wie man sich bei eigenen Fehlern gegenüber seinen Untergebenen verhält (Antwort: tief durchatmen!). Er läuft also Gefahr, hier trotz allen militärischen Wissens, trotz aller auf der Schulbank gelernten Kritik und Ausdrucksfähigkeit »sitzen zu bleiben« und zu einer unglaubwürdigen Figur zu werden.

Natürlich sieht er sich um, wie es denn die anderen machen. Die eigenen Unteroffiziere lassen ihn oft zu der Ansicht kommen, dass zur wirksamen Führung in erster Linie eine »Vorliebe für die erste Rolle« gehört, eine vitale »Masche«, sich selbst für großartig und andere für Idioten zu halten. Mit dieser »Masche« kann er vielleicht aus seinen Untergebenen eine Art »Pfundskerl-Gefolgschaft« machen, die er auch ohne viel Arbeit recht honorig regieren kann. Er legt sich eine gewisse knarrig-bärbeißige Jovialität zu, befiehlt kräftig herum und zeigt deutlich, dass ihm das Befehlen Spaß macht. Jede Anweisung gibt er in Form eines fröhlichen oder zornigen Temperamentsausbruches, am besten mit den einführenden Worten: »Ach was!« und noch einen Kraftausdruck dazu. So sorgt er am besten für einen möglichst »wilden« Dienst, propagiert »wilde Freizeit« und macht in einer »wilden Jagd« den Kameraden lächerlich, der bescheidener ist. Und siehe da, es funktioniert! Der frischgebackene Landsknechtsführer findet Anhänger, auch Anerkennung bei Kollegen und Vorgesetzten *(»Toller Haufen« – »Bei dem ist wenigstens was los!«).* Er braucht es im Übrigen weder mit den Vorschriften noch mit der Vorbereitung des Dienstes sonderlich genau zu nehmen, da jeder ihm die Rolle des *enfant terrible* zubilligt, wenn er auch *anderen* gegenüber »fünfe gerade sein lässt«.

Diese Methode des »verschworenen Haufens« hat aber einen Nachteil: Leicht gleitet man aus der Rolle des »Wurstigen« in die Faulheit ab.

Theoretisch läuft das so: Der Zugführer wird nachlässiger, hält aber sein »persönliches Regiment« dadurch aufrecht, dass er ab und zu »wie ein Terrier« dazwischenfährt, im Übrigen jedoch den Dienst möglichst an seine Unterführer delegiert. Freilich kann er dann nicht viel dagegen tun, wenn auch seine Unterführer sich den Dienst bequem machen. Da außerdem der Anschein aufrechterhalten werden muss, dass der Dienst in seinem Zug besonders hart sei, bietet sich das für Befehlende bequemste und für Untergebene unbequemste Mittel an: die Schikane.

Klaue in Klaue mit der Schikane kommt auch die Verrohung der Ausdrücke, nicht nur des Zugführers, sondern auch seiner Untergebenen. Denn mit Kraftausdrücken lässt sich dort Härte vortäuschen, wo Sinnlosigkeit herrscht.

Im Übrigen steuern hier aber doch die Gebote der *Inneren Führung* und eine gewissenhafte Dienstaufsicht den schlimmsten Missständen entgegen.

Der Fleißige – oft ein Querkopf

Wer hingegen fleißig ist, kann es sich leisten, die Rolle des Unbequemen, Unbestechlichen zu übernehmen. Er kann auf den Teufel losgehen, der bekanntlich im Detail sitzt, ohne dass dieser ihm viel am Zeug flicken kann. Aus der konsequenten Beachtung von Details – mit Maß und Ziel – entsteht Gerechtigkeit, jedenfalls hier. Der Fleiß wirkt auch auf die Dauer imponierender und erweckt eine maßvolle Zustimmung, auch wenn der Hartnäckige weit und breit als unbequemer Mann verschrien ist.

Gerade diese Rolle des Querkopfes – wenn konsequent durchgeführt – ist auch schlechthin die beste Vorbereitung für die wenigen Momente, in denen man – nach oben oder auch nach unten – in angemessener Form »Nein« zu sagen hat. Der mehr oder weniger abhängige Faule bringt in solchen Momenten keinen Ton heraus, schon weil Zivilcourage oder »Andersdenken« nicht zu dem Schauspiel gehört, welches er liefert.

Der Weg des größten Widerstandes, des verbissenen Fleißes und der unangenehm-wachsamen Strenge scheint der einzige zu sein, der zu einer gewissen Humanität im Dienst führen kann. Doch viele dieser lobenswert Unbestechlichen machen den Fehler, dass sie auf humorvolle oder freundliche Äußerungen verzichten und so nach allen Seiten entmutigend wirken. Sie halten eine sterile Distanz und sind daher oft nicht so gut in der Lage, von den anderen zu lernen. Gerechtigkeitsmaschinen wie Robespierre pflegen weder unerhört gerecht noch sehr rationell zu arbeiten.

Auf einem der Lehrgänge passierte eines Morgens Folgendes: Die Gefreiten standen auf dem Gang. Der Zugführer kam etwas verschlafen aus seinem Zimmer. Man brüllte »Achtung!« und machte eine Meldung. »Morgen!«, brummte der Verschlafene. »Hinsetzen!«, wie sonst im Lehrsaal. Unschlüssig lachend, erwogen die Gefreiten, ob sie sich tatsächlich auf den Boden setzen sollten. »Hinsetzen!« hieß es nun energischer, und es folgte die Erklärung: »Befehle müssen durchgesetzt werden. Ich gebe allerdings zu, dass dieser Befehl nicht zweckmäßig ist.« Erst nach geraumer Zeit stimmte der Zugführer dann doch in das Gelächter der Untergebenen mit ein.

Hier wurden Extreme geschildert. Weder das eine noch das andere Extrem bietet eine Lösung der Frage, wie man seine Sache in der Bundeswehr vernünftig und gut machen kann. Der Faule neigt mehr zum ersten, der Fleißige mehr zum zweiten Extrem. Vielleicht ist's auch manchmal aus irgendwelchen Gründen umgekehrt – auf jeden Fall kann man aber zur Karikatur werden, wenn man nicht ständig sich selbst in Zweifel zieht.

Aber auch die Uneinsichtigkeit hat ein Argument für sich: Einfacher, strenger, dem »Intellektuellen« abholder Sinn mache gute Krieger, so wollen manche wissen. Also wird doch der Typ des »Pfundskerls« verlangt oder lieber noch der des Landsknechts? Weil das im Krieg ja so viel besser ist?

Man sagt, moderne Heere seien dazu da, um durch ihr Bestehen Kriege zu verhindern. Sie verfehlen diesen Zweck auch dann, wenn sie es versäumen, in den eigenen Reihen gegen den traditionellen Gefühlsbrei vorzugehen, der zwar angeblich gute Krieger machen soll, aber auch unter gewissen Voraussetzungen die Entstehung von Kriegen erleichtert.

Die Chance einer Bundeswehr, den Anschluss an ebendiese Entwicklung nicht zu verpassen, besteht zum größten Teil darin, wieweit die Intelligenten dort *sie selbst bleiben,* auch wenn sie manches dazulernen.